プレゼンテーション・ディレクター
西原 猛＝著

すばる舎リンケージ

はじめに

人生はプレゼンの連続です

　プレゼンテーション、略して「プレゼン」という言葉を耳にする機会がけっこうあります。会社で「今度のプレゼンの資料だけど……」という会話をしたり、テレビで「家電芸人、ガチで新製品をプレゼンバトル！」という番組をやっていたりします。ほとんどの方がプレゼンと聞いて思い浮かべるのは、例えば真っ暗な会議室で、スクリーンに売上のグラフなどが映し出されたスライドを指し示しながらプレゼンする。または、数百人入る大会場の壇上で、自分の身長の3倍くらいの巨大なスクリーンにスライドを映しながら新製品をプレゼンするなど、大人数の前で話をする、というのがプレゼンのイメージではないでしょうか。
　——いやいや、実はそんなことはありません。
　子どもの頃、どうしても買ってもらいたいオモチャはありませんでしたか？「今、みんな持ってるから！　自分だけ仲間外れにされたくないから！」と言って親に買ってもらう……あれ、プレゼンです。アルバイトや就職活動での面接……それ、プレゼンです。気になるあの人を「会社の先輩にイタリアンの店に連れて行ってもらったんですけど、すごくいい感じで！　もしよかったら今度の休みにでも……」とデートに誘う……これ、プレゼンです。
　えーっ!?　オモチャを買ってもらったり、面接を受けたり、デートに誘ったりするのがプレゼン？……そう、プレゼンです。これらは間違いなくプレゼンなのです。どういうことか気になる方は、即2章を読んでみましょう。

プレゼンは「はじめの3分」が運命の分かれ道！

　このように、ビジネスに限らずさまざまな場面で、日常的にプレゼン

が実施されています。そして、いつ自分に出番が回ってくるかわかりません。逃げたい気持ちもよーくわかりますが、自分の成長のためにはできるだけ早いうちから場数を踏んで経験値を上げたいところです。そこで、ぜひ押さえていただきたいポイントがあります。

　それは**「プレゼンは『はじめの３分』が運命の分かれ道」**ということ。いくら内容がよくても、スライドがキレイで見やすくても、高級ブランドのスーツを身につけても、「はじめの３分」がダメならまずアウトです。

　ビジネスマナーを学ぶ時には必ず「第一印象をよくしましょう」と教わりますね。なぜなら、ビジネスの世界では、第一印象が悪いと、なかなか覆らないというキビシイ現実があるからです。

　例えば、最初に堂々と力強く話し出せば、聞き手には「自信がありそうだな」と思われ、最後まで言葉や内容全部に自信があるように聞こえます。逆に硬い表情で言葉に抑揚もなく話し始めたら「なんか頼りなさそうだなあ……」と思われ、何を話しても最後まで頼りなさそうに聞こえてしまいます。お、恐ろしい……。

　営業で顧客のところへ何度も足を運ぶといった、"時間をかけられる"シチュエーションなら、もし第一印象が悪くても、そのうち信頼されて「いやー、最初はなんか頼りない感じだったけど、仕事は速いし正確だし、実は頼りになるんだねぇ」なんてことも期待できます。

　しかし、残念ながらプレゼンはたった数十分間しかありません。短時間で覆すのは正直キビシイ。だったら**覆すことを考えるより、登場した瞬間で、いかに聞き手に好印象を与えることができるかを考えたほうがよいはずです**。だからプレゼンがうまい人は最初から堂々と自信があるように話し始めるのです。表情から服装、話し方に至るまで徹底的に自信があるように振る舞う、つまり自己演出するのです。もちろん同じ人

間ですから内心は緊張してドキドキ！　しかしそうは見せない。なぜなら彼らは、「聞き手は自信がなさそうな人の言うことは信頼しない」ことを知っているからです。
　そこで、開始わずか3秒で決まる「第一印象」、30秒で見極められる「話し手の力量」、そして3分で判断される「最後まで聞くに値するか」が重要になってきます。プレゼンが初体験の人、苦手な人はこの「はじめの3分」をよーく考えたり、ちょっと変えるだけであら不思議！　聞き手はあなたのプレゼンをしっかりと聞いてくれるようになります。
　もちろん、はじめの3分がうまくいっても安心はできません。その後、どうやって最後まで聞き手を引きつけ、結果につなげることができるか……そのためにはプレゼンの基本をしっかり学ぶことが大切です。

プレゼンがうまくなる8つの基本

　そこで本書では、私がさまざまな業種業界で実施している企業研修やセミナー、講演会などこれまで10,000人以上にプレゼンについて教えてきた中から、「もっと早く知りたかった！」と言われる最も重要な8つの基本について書きました。
　まずは**序章**では、誰もが経験する「**プレゼンの恐怖体験**」を4コママンガで表現しました。「悩んでいるのは自分だけじゃないんだ」と、ちょっとだけ安心することができます。
　第1章では、プレゼンに限らずコミュニケーションにおいて、実は「**はじめの3分**」にどれだけ聞き手を引きつけられるかで、結果が左右されるのです。その法則について学びます。
　第2章では、改めてプレゼンとは何をすることなのか、何の目的で実施するのか、などあまり深く考えてこなかったかもしれない「**プレゼンの基本**」について学びます。

第3章ではプレゼンとは切っても切れない「**話し方**」の部分について、イイ声とはどんな声か、「えーと」「あのー」の口グセを減らすには？などについて学びます。

　第4章では、落ち着いて堂々とプレゼンしているように**自分自身を「演出する」方法**を学びます。実はいくら緊張していようが、聞き手には落ち着いて見えればいいのです。本当は全く自信がなくても、堂々と自信を持って話をしているように見えれば万事OK・ノープロブレムです。

　第5章では、プレゼンがわかりやすい人とそうでない人の差が出る「**話の組み立て方**」について学びます。わかりやすい人は一体どのように話を組み立てているのか、状況に合わせた方法を解説しています。

　第6章では、最近はプレゼンと言えばスライド、というくらい切っても切り離せない「**スライドと配布資料の役割と作り方**」について学びます。スライドをそのまま印刷して資料として配っている人がいますが、果たしてそれでいいのでしょうか？　そこについても言及しています。

　第7章では、「**準備の重要性と効果的な練習方法**」について学びます。プレゼン失敗の原因、不動の第1位は準備と練習不足。忙しいのはよくわかりますが、ぶっつけ本番でうまくいった試しはありませんよ。

　第8章では、襲い来る「**プレゼン本番のトラブルにどう対処するか**」について、私のこれまでの数々の失敗と編み出した対処方法を伝授します。聞き手を笑わせようとして盛大にスベってしまった時の立ち直り方もありますよ。

　さあ、今すぐ知りたいところだけを読んでも、もちろん最初から読んでも大丈夫。きっと次から「伝わるプレゼン」に変わりますよ！

2015年7月吉日

西原 猛

contents

ぐるっと！プレゼン

はじめに——002

序章
こ、こんなハズじゃ……！
誰もが避けたい「恐怖プレゼン」

I　**いつの間にか"寝落ち"者が！**——014
　　そんなに話がつまらなかった？（泣）

II　**終了後、なんの反応もない!?**——016
　　シーンと静まり返って、とっても気まずい

III　**大打撃！プレゼンの打ち切り!!**——018
　　「で、何が言いたいの？」と言われる恐怖

(tutorial)　**本書の使い方**——020
　　「ぐるっと！」プレゼンを学ぶために

第1章
プレゼンは最初が肝心。
『はじめの3分』で求められること

01　**第一印象は『3秒』で決まる！**——022
　　期待感を持たせるには「見た目」が大事

02　**『30秒』で心をつかめ！**——024
　　導入には聞き手が興味を持つ話を

03　**聞き手を巻き込む『3分』**——026
　　判断材料は「内容」「伝え方」「熱意」の3つ

(俳優と プレゼンター column1)　**オーディションも最初が肝心**——028
　　カギを握るは、宣材写真と雰囲気

まずは知っておきたい！
そもそも、「プレゼン」とは？

04 そもそも、「プレゼン」とは？──030
目的は「聞き手を動かす」こと

05 プレゼンとスピーチの違い──032
写真や動画などあらゆる手段を使える

06 プレゼンのシチュエーション──034
相手が何人でも立派な「プレゼン」

 そもそも、「役作り」とは？──036
役の性格や生活習慣、考え方を分析すること

口ベタでもOK！相手の心を
つかむ「話し方」のひと工夫

07 話術より相手を動かすこと！──038
「話術」ではなく、想いの強さでプレゼンしよう

08 「イイ声」でグンと好印象！──040
少し低音・落ち着きがある・聞き取りやすい

09 その口グセが命取り！──042
己の口グセを知り、タイプ別に対策を

10 急に思いついた話はしない──044
矛盾だらけで、まとまりのない話に直結する

11 "平たい"口調は飽きがくる──046
話し方に「緩急・強調・間」を取り入れよう

12 アイコンタクトが重要！──048
聞き手の目ではなく「鼻」を見て話す

13 話し続けてしまうのはダメ──050
「、」ではなく「。」で短く切って話す

14 要注意！「一方通行プレゼン」──052
タイミングよく、質問や問いを投げかけよう

 感情は込めるものにあらず!?──054
伝えたいことが言葉と態度に表れる

第4章

好感を持たれる！自然に引き込む！カンタン「演出」

15 本番前に原稿は捨てなさい──056
原稿を持つと、意識が相手に向かなくなる

16 スライドも見つめるな！──058
シンプルに作り、見せて・見て・話す

17 釘づけ！「ブラックアウト」── 060
途中でスライドを消すテクニック

18 スマートなスライドショー操作──062
自分に合ったリモコンの型を探そう！

19 壇上を歩けば飽きられない── 064
「スライドの内容」と「聞き手の集中力」に合わせる

20 ジェスチャーの使いどころ──066
言葉を強調したいところで使う

21 デモを効果的に行うために── 068
ホントに見せたい部分だけに絞る

22 「表情がカタい」は大損!!── 070
笑って顔の筋肉を柔らかくしよう

23 聞き手を笑わせるには？──072
自分の失敗談やクスッと笑えるネタで勝負！

 テクニックはさりげなく使う──074
「思わず引き込まれる」話し方

第5章
5通りの「組み立て方」で驚くほどわかりやすくなる！

24 専門用語で人は離れる──076
話を組み立てる以前の「用語」の取り扱い

25 「事実」だけでは動かない──078
「意見」「証拠」も揃える

26 「連想マップ」でアイデアを──080
1.アイデア→2.絞り込み→3.組み立て

27 内容を組み立てる5つの用法──082
5つの方法で順を追って話す

28 「話についていけない」を解消！──084
真っ先に大事なコトを。「要点提示法」

29 現場で使える「PREP法」──086
必要なのは、「結論・理由・事例・結論」

30 「時間軸法」で提案を物語る──088
時間の流れに沿って組み立てる

31 ホントに伝えたいことだけを！──090
短時間で記憶に残る！「一点三例法」

32 "普段使い"にも超便利！──092
最もシンプルな「KK法」

 自己アピールで審査員の印象に残すには──094
100の中から3つに絞り込む

やっぱり大事！「スライド」「配布資料」の作り方

- **33** 誰が見てもわかる配布資料に──096
  スライドは読ませず「見せる」!!
- **34** 決裁者に伝わる配布資料を！──098
  聞いていない人でも理解できるように作る
- **35** スライドの枚数は「適宜」！──100
  ただし「1枚1分以上」かかる場合は分割
- **36** 「絵コンテ」でスラスラ作成！──102
  付せん紙を使うと、さらに効率的に
- **37** 良し悪しを決める「フォント」──104
  意外と大きい？ 最低「36pt」以上
- **38** 1スライド3色までが大原則──106
  "色のイメージ"をうまく利用しよう！
- **39** グラフは数値を可視化できる──108
  「内訳」「シェア」は円グラフの特徴
- **40** 情報を仕分ける役目は「表」──110
  情報の過不足も見えてくる
- **41** 図解の知識と作り方──112
  流れや全体像を視覚的に示すこと
- **42** 音声やビデオを流すには？──114
  ファイルをスライドに挿入するだけ
- **43** 効果絶大「アニメーション」──116
  話に合わせて内容を表示するために使う
- **44** 資料作成にもルールがある──118
  作成時には「会社規定」を確認しよう
- **俳優とプレゼンター column6** どうやって膨大なセリフを覚える？──120
  ひたすら声に出して読むしかない

第7章 成功のキモとなる「準備」と「練習」

45 プレゼンの準備の順番──122
1.目的→2.内容→3.資料→4.機材→5.練習

46 スライドに必要な機材──124
パソコンと電源一式はセットで！

47 ノートPC選びの3ポイント──126
どれを選んでも同じなの？

48 「フタつき・常温・水」が鉄則──128
では、NGな飲み物は？

49 20人以上なら「マイク」を！──130
アナタが思っているほど声は届きません

50 プレゼンメモで乗り切る──132
大きな文字で・要点だけを・キーワードで

51 「想定問答集」の準備──134
周りの人の知恵を借りながら作ろう！

52 練習は3つの動作を繰り返す──136
声に出す・時間を計る・分割して練習する

53 進行表があればオーバーしない──138
1分前に終わる進行を考える

54 カチコチの体を解く！──140
口の運動と体のストレッチで緊張をほぐそう

column7 俳優とプレゼンター 真剣に練習する──142
練習でうまくいっても、本番もそうとは限らない

第8章 あわや大惨事!? トラブルを大きくしない対処法

- **55** 急に不安になってきた……──144
  「伝えること」に集中しよう
- **56** 途中なのに話を遮られる!──146
  何があってもイラッとせず、簡潔に回答する
- **57** まさかの機材トラブル!!──148
  最終手段は「配布資料のみ」でプレゼン
- **58** スライドが勝手に動く!──150
  プレゼンソフトを再起動 or 設定の確認
- **59** スライドがまだこんなに!──152
  本当に必要なスライドだけを選んで話す
- **60** 質疑応答で答えられない!──154
  「後ほど回答をご連絡します」
- **61** 渾身のギャグがスベった!──156
  なかったことにして、その悔しさをぶつける!
- **column8** 俳優とプレゼンター 前回の成功を期待するな──158
  聞き手が変われば、反応も変わる
- **step up** 起業のための「ビジネスプラン」プレゼン──159

装丁・本文レイアウト：遠藤 陽一（DESIGN WORKSHOP JIN）
本文図版：李 佳珍

※本書に掲載されている企業名、機器、ソフトなどの各種情報は、2015年7月時点のものです
※本書に掲載されている機器やソフトの仕様等については、各メーカーへお尋ねください
※本書に登場する商品名、企業名、ブランド名、サービス名などは、一般に商標として登録されています。
　ただし、本書では煩雑になるのを避けるため、Ⓡ表記などは省略しております

序章

こ、こんなハズじゃ……！
誰もが避けたい
「恐怖プレゼン」

> プレゼンに苦手意識を持つ人は数多くいる。特に、本章で挙げる「恐怖プレゼン」はトラウマレベルである。
> 心当たりがない人も一度目を通すことをオススメしたい。

I

いつの間にか"寝落ち"者が!
そんなに話がつまらなかった？（泣）

寝るのを我慢できないほど「つまらないプレゼン」

「プレゼン」と聞いて「苦手です」と即答する人は実に多いですが、商社に勤める営業部のAさんもその1人。しかも最近は、苦手を通り越して、恐怖すら感じるそうです。それは「時間の経過とともに寝落ち者が現れる」という恐怖。

Aさんはとてもマジメな方で、資料もちゃんと準備しますし、本番前には練習もします。しかし、いざプレゼンを始めると、次のような現象が起こるのです。

　　——開始3分、下を向いて資料を読む人が多くなる
　　——開始5分、下を向いたまま、動かない人が多くなる
　　——開始10分、誰も顔を上げてくれなくなる

笑いを入れても無反応

困ったAさんは同僚に相談したところ、「プレゼンがマジメすぎてつまらないから、みんな居眠りしちゃうんじゃないの？」と指摘されました。たしかにその通りかも、と思ったAさんは、プレゼンを少しでも面白くすれば居眠りをする人が減るのではと考え、ユーモアについて勉強し、なんとか笑わせてみようと頑張りました。

しかし残念ながら全く無反応。クスリともしません。さらに聞き手が下を向くタイミングが早くなってしまったという、笑えない状況に陥ったのです。

「私はプレゼンに向いてないんじゃないだろうか……」

次にプレゼンする機会が回ってきたら、どうすれば回避できるかを本気で考え始めているAさん。果たしてプレゼンへの不安を克服できるのでしょうか。

参加者が眠りにつくまで……

序章 こ、こんなハズじゃ……！ 誰もが避けたい「恐怖プレゼン」

特技・催眠術（!?）

私の話って寝るほどつまんない!?

終了後、なんの反応もない!?
シーンと静まり返って、とっても気まずい

質問攻めも恐怖だけど……

　プレゼン終了後の質疑応答で「答えられない質問が出たらどうしよう」「鋭い意見があったら対応できるかな」などの不安は誰しもが持っていると思います。逆に、「何か質問はありますか？」と尋ねても、**会議室がシーンとなり、全く質問が出ない**というのも恐いものです。

　メーカーで技術職のＢさんの、プレゼンに対する恐怖がまさにこの「プレゼン終了後、全く聞き手の反応がない……」というものです。

質問が全く出ないのはむしろヤバい!?

　Ｂさんは最初の頃「質問が出ないのは、内容をちゃんと理解してくれた証拠だ」と、割と楽観的に考えていました。

　ところがある週末、大学の仲間と飲みに行った時のことです。「オレはプレゼンで質問されないからラクだわー」と話したら、仲間が一瞬静まり返りました。微妙な間の後、「それ、ヤバいよ！」「**質問されないんじゃなくて、質問のしようがないってことなんじゃないの？**」「言いたいことが何かわからないと、反応できないもんね……」と、立て続けに言われてしまいました。その時は「そんなわけねーよ」と軽く受け流しましたが……。

　２週間後。社内プレゼンでいつものように質問が出ないＢさん。しかし先日のやり取りが気になっていたので、よく聞き手を観察してみたところ……ため息をついたり、眉間にシワが寄っていたり、最後まで資料を読んでいなかったり、とまさに友人たちの言った通りだったのです。

　「こ、これは本気でヤバいかも……」と、Ｂさんが一気に恐怖を感じたのは言うまでもありません。

「質問ありませんか〜？」

序章 こ、こんなハズじゃ……！ 誰もが避けたい「恐怖プレゼン」

ありませんか！

質問がナイのも問題

大打撃! プレゼンの打ち切り!!
「で、何が言いたいの?」と言われる恐怖

最後まで聞いてもらえる、とは限らない

　プレゼンする相手が経営者や経営幹部になればなるほど、忙しいもの。彼らはこれまで数多くのプレゼンを聞いているため、30秒も話を聞けばプレゼンターの力量がわかり、3分も聞けば「続けて聞く価値があるか否か」を判断します。

　ITサービス会社で企画開発の部署にいるCさんは、社内外で新サービスの提案をよく行うのですが、社内の企画開発会議での社長の「**もういい。結局、何を言いたいのかわからん**」という、プレゼン打ち切りのひと言に恐怖を感じています。

さらに社外プレゼンでも……

　まぁ、社長は短気なほうだから仕方ないか……と思っていたのですが、よくよく考えると、社外プレゼンでも暗に打ち切られていることに気がついてしまったのです。

　先日もある会社に提案に行ったら、プレゼンの途中で相手から「あの、話の途中ですみませんが……」と、切り出されるのを合図に、「**結局、どの程度期間が短縮するのでしょうか?**」「**結局、御社の優位点はなんでしょうか?**」と質問が始まります。

　質問もひと通り終わり、さて、続きの話を……と思った矢先、「だいたいわかりました。検討材料とさせていただきます」というパターンで退席を余儀なくされるのです。

　結局、なぜ打ち切られるのかが、Cさんはいまだによくわかっていません。Cさんのこの悩みは解決できるのでしょうか。

で、結局何が言いたいの？

序章 こ、こんなハズじゃ……！ 誰もが避けたい「恐怖プレゼン」

結局、どうなるかと言えば……

途中で話を終わらせないで〜！

tutorial

本書の使い方
「ぐるっと!」プレゼンを学ぶために

　さてさて、本章では皆さんの恐怖心をあおり立ててしまいましたが、ご安心ください。1章以降から「恐怖プレゼン」を回避するべく「はじめの3分」を乗り越える方法や、相手を動かすための話し方、演出の仕方、資料の作り方、練習・準備の方法などをお伝えしていきます（下図）。

　また、私がプレゼンターとして活躍する土台を築き上げたとも言える「俳優時代」のお話も、コラムを中心にお伝えしていきます。

　それでは、プレゼンをぐるっと！学んでいきましょう！

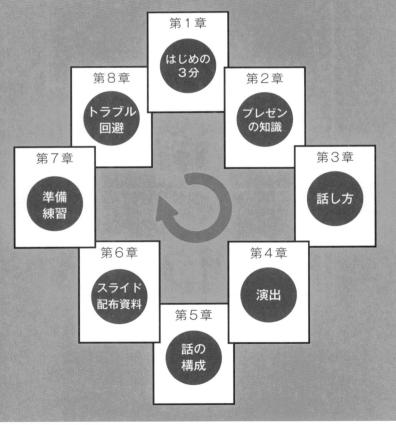

第1章

プレゼンは最初が肝心。『はじめの3分』で求められること

> 何事も最初が大事。プレゼンでも、特にはじめの『3分』が、相手を動かせるか否かのカギを握る。そのわずかな時間でいかに自分を演出し、伝え、提案を通すか──。そこが勝負だ。

01

第一印象は『3秒』で決まる!
期待感を持たせるには「見た目」が大事

一瞬で、直感的に判断される

あなたが食事をする時、美味しそうかどうかを判断するのは、まず「見た目」ではないでしょうか。美味しそうな彩りや盛りつけなら、味にも期待できますね。一方、お皿に大雑把に盛ってあるだけなら、期待外れだ、と食べる前からがっかりします。

プレゼンも同じく、まず「見た目」で第一印象が決まります。それも「好き」「嫌い」「期待できそう」「生意気」……などが、直感的に判断されるのです。ここで悪い印象を与えると、まだ話し始めてもいないのに、最初から否定的な態度を取られることになります。

第一印象が決まる要素……まずは「表情」「服装」

印象を左右するのはまず「表情」。聞き手はプレゼンターが登場したら、はじめに顔を見るからです。当然、硬い表情より笑顔のほうが期待感が持てますよね？ 次に「服装」です。だらしない服装と、キチッとした服装の人ではどちらが期待できそうですか？ もちろん、後者です。

また聞き手は、「姿勢」「雰囲気」「第一声」などを、**わずか3秒で総合的に判断して、第一印象を決める**のです。

見た目をチェックしよう!

そこで改めて、髪の毛は整っているか、ヒゲは剃ったか、ネクタイは緩んでいないかなど、しっかりチェックしましょう（右ページ図）。

ビジネスプレゼンの場合、スーツが基本ですが、ポイントは「自分に合っているかどうか」です。時々、スーツのサイズや色、シルエットがその人に合っていないなど、第一印象で損しているプレゼンターがいます。一度、きちんとお店の人にアドバイスしてもらいましょう。

身だしなみをチェックしよう

男女共通

- ☑ 髪の毛は整っているか
- ☑ 爪は切ったか
- ☑ 汗は拭いたか
- ☑ シャツにシワはないか
- ☑ 体型に合ったスーツを着ているか
- ☑ スーツのボタンが留まっているか
- ☑ 靴は汚れていないか
- ☑ 歯を磨いたか
- ☑ メガネはキレイか

男性

- ☑ ヒゲは剃ったか、鼻毛が出ていないか
- ☑ ネクタイは緩んでいないか、汚れていないか
- ☑ ズボンのチャックが開いていないか

女性

- ☑ 香水をつけすぎていないか
- ☑ 化粧が崩れていないか
- ☑ 派手すぎるアクセサリーをつけていないか

「見た目」で最初の3秒を制す！

第1章 プレゼンは最初が肝心。『はじめの3分』で求められること

02

『30秒』で心をつかめ!
導入には聞き手が興味を持つ話を

いきなり一方的に話し出すから、ヘタだと思われる

　商談でよく見かけるのが、名刺交換して座ったとたんに「本日は弊社の採用支援ツールのご紹介です。まず弊社についてですが、設立年月日は〜。主な取引先は〜」と説明が始まるパターンです。

　この場合、聞き手は心の中でこう思います。「これは一方的に話を聞かされるヘタなプレゼンのパターンだ。資料を読みながら、適当に聞いておこう……」と。

うまいプレゼンターは「つかみ」上手

　聞き手は、自社の業務改善や売上向上に関係がありそうだ、と思うからこそ、プレゼンする機会を設けてくれます。そこでうまいプレゼンターは**「御社の業務効率が20％改善するご提案です」**と、まず聞き手に関係ある話から始めるのです。**「そうそう、それが聞きたいんだよ」**と相手に興味を持たせることができます。

　これがプレゼンの最初に聞き手の心をわしづかみにする「つかみ」という重要なテクニックです。

「つかみ」は短く、30秒以内で

　つかみは手短に「30秒以内」が鉄則です。長すぎるつかみは、間延びした感じを与え、逆に「早く本題に入れよ」と思われるので要注意。ニュースのヘッドライン（見出し）のように、今日のプレゼンの内容をひと言でバシッと言えるとベストです。なお「えー、あのー」を連発したり、引っかかりまくりだと、せっかくのつかみが台無しになります。スムーズに言葉が出てくるよう、練習しましょう。

聞き手の心をつかむために

第1章　プレゼンは最初が肝心。「はじめの3分」で求められること

「つかみ」の話題

事前ヒアリングで得た情報をもとに
社員様の携帯電話の通話料が高い、とお伺いしましたので、社員間の通話料が無料になるプランをお持ちしました

業界関係の話題で
最近、飲食業界を回っていますと、必ず耳にする話があるのですが、それは、人材不足で困っている、という話です。御社では先日も新規店をオープンされましたが、人材の確保はいかがでしょうか

聞き手に関係ある時事ネタで
急激な円安で輸入コストが急増している企業が多いようです。そこで少しでも為替変動リスクを減らすご提案をさせていただきたいと思います

ヘッドラインで
「使用量1/3」
「洗浄力2倍」
「究極にエコな洗剤」のご紹介で参りました

POINT　「つかみ」は30秒以内で

03

聞き手を巻き込む『3分』
判断材料は「内容」「伝え方」「熱意」の3つ

最後まで聞くに値するかどうか判断される

　一般的にビジネスプレゼンは15分〜30分間が多いですが、その長さにかかわらず開始から3分もあれば、聞き手はプレゼンについて、最後まで聞くに値するかどうかをシビアに判断します。その判断材料は「内容」「伝え方」「熱意」の3つです。

内容に興味や関心を持てるか？

　時々、つかみだけ上手で、その後はまとまりがなく、結局何が言いたいのかわからない、という残念な人がいます。重要なのは、一刻も早くプレゼン全体の流れやゴールを示し、興味や関心を持続させることができるかどうかです。

　プレゼンがうまい人は30秒でがっちりつかんだ後も、どうすれば**興味や関心を持続させられるか、どうすれば最後まで集中力を保ったまま聞いてもらえるか**、をしっかり考えています。

プレゼンターの力量も試されている！

　しかしいくら内容が素晴らしくても、話し方やスライドの作り方など「伝え方」がイマイチだったり、そもそも伝えたいという「熱意」が感じられなければ、聞き手は最後まで聞こう、という気にはなりません。そこで必要となるのが「プレゼンの技術」です。

　3章以降で述べる話の組み立て方、スライドデザインの原則、聞き手に熱意が伝わる話し方をしっかり身につけて、確実に最初の3分を乗り越えられるようになりましょう！

プレゼン開始3分で結果が出る!

第1章 プレゼンは最初が肝心。『はじめの3分』で求められること

プレゼン開始

- 3秒 ▼ **第一印象** 見た目・声
- 30秒 ▼ **話し手の力量** つかみ
- 3分 ▼ **プレゼンの評価** 最後まで聞くに値するか

プレゼン終了

結果

POINT

プレゼンの結果=「内容」×「伝え方」×「熱意」

オーディションも最初が肝心
カギを握るは、宣材写真と雰囲気

プレゼン以上に第一印象が重要

　ビジネスプレゼンと、俳優が受けるCMや映画、ドラマなどのオーディションの共通点の1つに「第一印象」が重要なことが挙げられます。オーディションの場合、第一印象が決まるのはプロフィールに貼られた宣伝材料用写真、略して「宣材写真」です。有名企業のテレビCMともなると、第一次書類審査に数百〜数千人単位で応募が殺到しますから、まず写真で役柄の雰囲気に合いそうな人が選ばれます。

宣材写真に10万円!?

　この宣材写真の良し悪しが、何十〜何百倍率もの難関を通過できるかどうかを左右しますから、たっぷりとお金をかけます。就活用の証明写真は1万円前後が相場ですが、プロの写真家に頼むと10万円以上する場合も。実際、私も駆け出しの頃、所属プロダクションの社長の知り合いで、ハリウッドスターの撮影も手がける著名な写真家に、通常数十万円するところを、思いっきり割り引いてもらって10万円で撮影してもらいました。

　しかしその威力はスゴイ！　写真を変えたとたん、書類審査に通る通る！　1〜2割だった通過率が軽く5割を超え、テレビやラジオのCM、映画の仕事も決まり、あっという間にもとが取れましたよ。(笑)

面接は役柄の雰囲気に合っているか見られる

　書類審査を通過したら面接です。審査員は「優しそうなお父さん」など役柄の雰囲気に合っているかをまず見ます。そこで俳優は少しでも役柄に近づこうと服装や髪型、メガネなどの小物で役作りしてから面接会場に向かいます。

　プレゼンでも同じです。聞き手にどう見られたいか考えて、スーツやネクタイを選ぶといいでしょう。

第2章
まずは知っておきたい！
そもそも、「プレゼン」とは？

プレゼンテーション、略して、「プレゼン」とは何だろうか。何が目的で、何をすることなのか。
本章では、サクッとプレゼンについて学んでいこう。

04

そもそも、「プレゼン」とは?
目的は「聞き手を動かす」こと

そもそもプレゼンって何をすること?

　具体的なテクニック論に入る前に、本章では「プレゼンとは何ぞや」を考えたいと思います。さて、前述した「はじめの3分」を、皆さんが無事乗り越えられたとしましょう。では、そこから先の目的は何なのでしょうか。そもそも、プレゼンは何をすることなのでしょう?

　そう聞いて返ってくる答えは、「説明」「発表」「大勢の前で話すこと」など、人によってバラバラです。彼らがイメージしているのは、顧客に自社製品やサービスの営業に行く「商談」、数百人いる大会場で大きなスクリーンにスライドが映し出され、CEOが話す「新製品発表会」などです。

「説明」「発表」とは似て非なるもの

　実は多くの人が、プレゼンを説明したり発表することだと勘違いしています。「説明」とは「内容を理解してもらうこと」、「発表」とは「内容を知ってもらうこと」です。つまり**説明や発表は話を聞いてもらうことが目的で、聞き手に具体的な行動を求めることはありません。**ところが**プレゼンの目的は、聞き手に具体的な行動を求めること**です。つまり「聞き手を動かすこと」なのです。

ビジネスプレゼンは結果がすべて!

　例えば、新製品のプレゼンの場合は「購入してもらうこと」、面接の場合は「採用してもらうこと」、企画提案の場合は「承認してもらうこと」です。いくら話が上手くても、説明がわかりやすくても、この目的を達成できなければ意味がありません。ビジネスプレゼンでは、常に結果を出さなければならないことを肝に銘じておきましょう。

プレゼン／説明・発表との違い

説明
=内容を理解してもらうこと

この商品Bが最も高い数値を出しています。販売データを分析しますと、メインターゲットである20代以外に30代も購入していることがわかったためです……

発表
=内容を知ってもらうこと

関東と関西の食べものの人気度の違いについて調べました。
まずは麺類の人気ランキングを発表したいと思います……

プレゼン
=聞き手を動かすこと

これが新製品です。
前のモデルより25%も軽くなりました。
ぜひ買ってください！

POINT

「聞き手を動かす」のがプレゼン

05

プレゼンとスピーチの違い
写真や動画などあらゆる手段を使える

プレゼンは「さまざまな表現手法」で伝える

　プレゼンの基本は、話すことはもちろん、スライドや資料、実物といった視覚物を見せたりするなど、さまざまな表現手法を使って聞き手にわかりやすく伝えることです。他にも試食してもらったり、実演したり、手触りを確かめてもらったりもします。

　ある調理器具メーカーの製品開発プレゼンでは、会議室にコンロを持ち込んで調理しながらプレゼンした、という話もあります。それもお腹の空く夕方に。実に見事な戦略ですね。

　このようになんとしても、聞き手を動かすために、あらゆる表現手法を用います。

スピーチは「話して」伝える

　一方、結婚式や朝礼などで行われるスピーチは、主に話すことで相手にメッセージを伝えます。1時間の講演会など時間が長い場合は、視覚物を使うこともありますが、通常、数十分かかるプレゼンに比べ、3〜5分程度が一般的なので、スライドなどの視覚物はあまり使いません。

　スピーチの基本は、耳で聞いてスッと理解できるようにすることです。すなわち、プレゼン以上に言葉選びや話すスピード、論理的な組み立ての技術が必要になってきます。

　話すだけのスピーチが難しいと言われるのは、言葉だけで伝えなければならないからです。例えば「カピバラ」という動物を知らない人に、姿や特徴を言葉だけで説明するのは大変ですが、写真を見せれば早いですよね。そう考えると**写真や動画などさまざまな表現手法が使えるプレゼンは非常にラク**なのです。

プレゼン・スピーチの違い

	プレゼン	スピーチ
方法	何かを見せたり、使いながら話して伝える	話して伝える
時間	数分から１時間を超える場合も	３〜５分間程度が一般的
人数	１人以上	数人以上、千人を超える場合も
状況	商談、会議、説明会など	結婚式、朝礼、宴会、パーティーなど

POINT

プレゼンは話術よりも、伝える手法を工夫する

第2章 まずは知っておきたい！ そもそも、「プレゼン」とは？

06

プレゼンのシチュエーション
相手が何人でも立派な「プレゼン」

ビジネスでは少人数の聞き手の場合が多い

　プレゼンというと「大人数の前で話す」イメージを持つ人が多いようです。TED※や、スマートフォンやロボット掃除機などの大規模なイベント、新製品発表会などが、マスコミに取り上げられる影響もあるのでしょう。しかし、普段のビジネスでは、そのような状況でプレゼンをすることは割と少ないものです。商談や会議など「1対1」や「1対数人」の場合が多いですが、「契約してもらう」などの目的があれば、立派なプレゼンです。つまり、**プレゼンに何人以上という決まりはありません。**

ビジネスイベントでは聞き手が数百人の場合も

　普段は1対1の商談ばかりだし、大勢の前で話す練習はしなくてもいいな……という油断は禁物です。

　あるメーカーの営業担当Tさんは、まだ入社3年目にもかかわらず、就活生向けの合同企業説明会で部署を代表して1日のスケジュールや、業務内容などをプレゼンすることになりました。

　しかもTさんの会社は誰もが知る超有名企業。1回の説明会に軽く100人以上は集まります。学生時代に30人くらいを前に話した経験はあったそうですが、重圧で逃げたくなったそうです。

　他にも展示会や新製品発表会など、数百人の聞き手にプレゼンすることもあります。当然、聞き手が1人の時と、数十人・数百人の場合では、話し方やスライドの作り方などが多少変わります（詳しくは第3〜6章を参照）。

※TED：テクノロジー・エンターテインメント・デザインの頭文字。3つの分野のさまざまなアイデアを広めることを目的とした非営利組織が、プレゼンイベントやカンファレンスを運営している。無料の動画配信「TED Talks」が有名。

通常業務でもプレゼンは使われている

1対1
自分と聞き手
状況：商談、面接など

1対2
上司・自分とお客様、
自分とお客様が2人など
状況：商談、面接など

1対 数人
自分と聞き手
状況：面接、イベント、コンペなど

1対 数十人
社長と全社員、自分と取引先各社など
状況：経営方針説明、会議、セミナーなど

POINT

目的があれば、聞き手が何人でもプレゼン

第2章 まずは知っておきたい！ そもそも、"プレゼン"とは？

そもそも、「役作り」とは？
役の性格や生活習慣、考え方を分析すること

え！ これが同じ人？

　映画を観ていると、え！ あの映画に出ていた人と同じ人？ というくらい、全くの別人になっている俳優がいます。例えばジョニー・デップ。彼が演じた海賊役とチョコレート工場長役は、出演者名を確認して初めて同一人物か、とわかるくらい別人です。

　ハリウッドスターともなると、役作りのための体重の増減は当たり前、ボクサーの役なら半年間トレーニングをし、引きこもり役なら自分も数ヶ月、部屋から一歩も出ないで生活し、顔が役に合わなければ整形するなど、異常とも言える徹底ぶりです。

役の性格や生活習慣、考え方を分析する

　見た目はもちろん内面も重要です。最も時間をかけているのが役の分析です。どんな性格か、どんな生活を送っているか、どんな考え方をする人間なのか、を原作や脚本から徹底的に分析します。

　例えば「ゴミは徹底的に分別しなければ気が済まない男」の場合、なぜそのような性格になったのかに始まり、毎日どのように分別しているのか、もしも分別されていないゴミを見つけたらどういう行動をするのか、といったことまで考えます。ちなみに、この男が全く片づけられない女と恋に落ちる、というのが王道のストーリーですね。

　一方、役が人間ならいいのですが、ロボットだったり、未知の生物だったりした場合には、想像力をフル回転させるしかありません。

聞き手の分析に応用してみると……

　プレゼンでも「あの部長はとにかく数字第一主義だが、最近孫ができたと喜んでいたから、『未来の世代のために』というフレーズで攻めよう」など、相手の性格や考え方をもう少し深く分析してみると、意外な突破口が見つかるかもしれません。

第3章

口ベタでもOK！
相手の心をつかむ
「話し方」のひと工夫

> 話し上手がプレゼン上手とは限らない。プレゼンの目的は、相手を動かすこと。そのためには、聞き手の心を離さないよう、伝えるべきことを伝え、要望通りにコトを運ぶのが大事なのだ。

07

話術より相手を動かすこと！
「話術」ではなく、想いの強さでプレゼンしよう

話し上手がプレゼン上手とは限らない

　世の中、話し上手はたくさんいます。例えば次のような芸能レポーターをよく見かけます。「いやー見てください。この脂の乗った肉厚の刺身！　醤油につけるだけでほらっ！　脂が旨味となって広がります！　もう我慢できません。私は今すぐこの中で泳ぎたいっ！」と息継ぎなしにしゃべり倒すその話術は、流暢、立て板に水という言葉がぴったりです。

　しかし「どんな話をしていたかな」と思い出そうとしたら、話し方は思い出せても、肝心の中身が思い出せない……。この例文を書くのに苦労しました。こういう時にネット動画はありがたいですね。それはさておき、思い出せなくても問題ない娯楽番組ならまだしも、これがプレゼンなら致命的です。

どうすれば聞き手に伝わるかが大切

　プレゼンは話術を披露する場ではありませんので、流暢に話す必要はないのです。多少たどたどしくても、声が震えていても、**聞き手に「どうすれば伝えたいことが伝わるか」を考えて話す人のほうが、確実に伝わります**。なんとかして伝えようという想い、一生懸命さが聞き手に伝わるからです。

聞き手のために技術を身につけよう

　もちろん、声の使い方や間の取り方、アイコンタクトの仕方などの話す技術も必要ですが、それらはすべて話し上手になるためではなく、聞き手にわかりやすく伝えるための技術だということを忘れないようにしましょう。

> 流暢に話せても、伝わらないと意味がない

「立て板に水」は記憶に残らない

聞き手のことを考えているか？「話し方」チェックリスト

- ☑ 話すスピードは速すぎないか
- ☑ 長々と話していないか
- ☑ 専門用語やカタカナ語を連発していないか
- ☑ 「えーと」「あのー」などの口グセが多すぎないか

→より具体的な話し方を次項より見ていこう！

第3章 口ベタでもOK！ 相手の心をつかむ「話し方」のひと工夫

POINT

話し上手より、伝え上手になろう

08

「イイ声」でグンと好印象！
少し低音・落ち着きがある・聞き取りやすい

声がイイ人は得をする

　のど飴で有名なカンロ株式会社の「声に関する調査※」によると「声がイイ人は仕事ができそう」というイメージを持つ人が７割以上いたそうです。たしかにプレゼンはもちろんのこと、電話や名刺交換などで相手がイイ声だと好感度が上がりますね。

大事なのは、落ち着いてから話し始めること

　ところでプレゼンで「イイ声」というのは、どういう声のことでしょうか。一般的には男女問わず**少し低音で落ち着きのある、聞き取りやすい声**のことを指すようです。その逆は「高い声で早口で、滑舌が悪くボソボソした聞き取りにくい声」のことです。特に人間は緊張すると無意識に「良くない声」になりがちです。イイ声で話すには、何よりもまず落ち着くことが大切です。

自分の声を確認しよう

　まずは自分の声を（とても嫌ですが）ＩＣレコーダーなどで録音してチェックしましょう。ちなみに自分の声ではないように聞こえるのは、耳から聞く声と、頭蓋骨(がい)の内部で反響した声がミックスされているからです。録音した声が聞き手に聞こえている声なので、高くないか、早口じゃないか、語尾はハッキリしているか、など自己チェックしましょう。

　もし気になるところがあれば、次ページ下図の「1分間トレーニング」がオススメ。お風呂などでリラックスした状態は喉(のど)に負担がかからず自然とイイ声が出ます。また毎日続けることで口の周りの筋肉がほぐれ、スムーズに言葉が出るようになります。プレゼンで言葉が引っかかる人はオススメです！

※「カンロ　健康のど飴　30周年記念　声に関する調査リリースより」
　参考URL：http://prtimes.jp/main/html/rd/p/000000006.000002028.html

イイ声になる1分間トレーニング

自分の声をチェックしてみよう

- ☑ 高すぎる声ではないか
- ☑ 早口すぎて聞き取りにくくないか
- ☑ 滑舌が悪くないか
- ☑ 語尾が伸びていないか
  例：……ですぅー。
- ☑ 語尾が消えていないか
  例：……となりました。
- ☑ 語尾がやたら強くないか
  例：……ですが、

イイ声になるための1分間トレーニング

（毎日お風呂に入りながらすると効果的！）

1. 10秒間、「あー」と声を出す
2. 10秒間、低めの声で「あー」と言う
3. 口を大きく開けて「い・え・あ・お・う」を10回
4. 低音で「い・え・あ・お・う」を10回
5. 自分が苦手な行を低音で10回
   例「ら行：り・れ・ら・ろ・る」

POINT

聞き手にどう聞こえているかチェックし、改善する

09

そのロクセが命取り!
己の口グセを知り、タイプ別に対策を

多くの人が悩んでいる「えーと、あのー」問題

　ある広告会社のプレゼン研修で、1分間の自己紹介のうち「えー」が30回以上、つまり2秒に1回出ていた人がいました。多少のロクセは誰でも出ますが、さすがにここまで多いと、聞いているほうは、ロクセが気になって内容は全く頭に入ってきません。

あなたはどのロクセタイプ?

　口グセが多い人のタイプは2つ。1つは**「内容を思い出しながら話す」タイプ**。よく見かけるのは、練習不足で頭にしっかり内容が入っていないのが原因で、思い出す間、沈黙を避けて「えーと」といった口グセが出てしまうタイプです。もう1つは**「無意識の話しグセ」タイプ**。「つまり」「まあ」など無意識に出てしまう口グセのことです。これは家族や上司がそのようなしゃべり方をしていて、移った場合が多いようです。

口グセを減らすには「練習」と「意識化」

　「内容を思い出しながら話す」タイプの場合は簡単です。原因は練習不足なので、冷たいようですが……内容が頭に入るまで練習あるのみです!

　「無意識の話しグセ」の場合は少し根気が必要です。まずはどんな口グセをどのタイミングで言っているのか、録音・録画して確認、あるいは周りの人に指摘してもらいましょう。自分の姿や声を聞きたくないという方は、同僚や友達に「えーと、あのー」を何回言ったか数えてもらい、言った回数だけペナルティーを課す、というより厳しい方法もあります。自分の口グセを意識化することで、出そうになったら気づき、我慢できるようになります。そうすれば徐々に減りますよ。

口グセの2タイプとは?

	「思い出しながら」タイプ	「無意識」タイプ
口グセ	「えーと」 「あのー」 「そのー」 「んー」 「ですからー」	「まぁ」 「それで」 「なので」 「つまり」 「やっぱり」 「ちょっと」 「スーッ」 （息を吸う音）
原因	内容がしっかりと頭に入っていない	周囲の口グセが移った
対策	練習するしかない （プレゼンの内容をしっかりと頭に入れる）	次の順番で取り組む 1. 録音、録画 2. 言っているタイミングをチェック 3. 口グセを意識的に我慢する

POINT

タイプ別に改善策を取る

10

急に思いついた話はしない
矛盾だらけで、まとまりのない話に直結する

プレゼン中にひらめいた！ でもひと呼吸置こう！

　日常会話で「そういえば考えたんだけど……」と、急に思いついたような話を、これまでの流れを無視して始める人がいませんか。周りは「なぜ今、その話!?」と混乱しますが、本人はもう話したくて仕方がない様子。周りのことはおかまいなしです。プレゼンでも、急にひらめいたことを話し始める人がいますが、実はこれも聞き手を混乱させています。

なぜひらめいてしまうのか？ なぜ話したくなるのか？

　プレゼン中は自身が思っている以上に集中力を発揮しています。するとひらめくんですよ、最高のアイデアが。なぜこれを今まで思いつかなかったんだろう、というくらい素晴らしいものが！　もはや、話したいという誘惑に抗（あらが）うことはできません。
　「さて、実はちょうど今、よいアイデアを思いついたのですが……」。突如、こう話し始めるものの、うまくいく人はそう多くはありません。

そしてすべてが台無しに……

　残念ながらその場で思いついたアイデアは、内容がまとまっていなかったり、話の前後と矛盾していたりする場合がほとんどです。つまり、アイデアの素晴らしさと、プレゼン全体として整合性が取れているかは別問題です。「今のアイデア、前の話を完全に否定してるよね？」と鋭く指摘され、「え、あ、いや、ちょっと、まぁ、ただ、思いついただけで……」とうろたえることになりかねません。そして予定にナイ話をしてしまったばかりに、時間もオーバーすることに……。
　ビジネスにひらめきは重要ですが、プレゼンの基本である「準備・練習した通りにやる」ことに集中しましょう。

話が支離滅裂になるのはナゼ？

予定にナイ話をすると……

・時間をオーバーする
・話の前後と矛盾していたら聞き手が混乱
・プレゼンが支離滅裂になる

支離滅裂にならないための「3"ない"ルール」

1. 途中でひらめいたアイデア、
   思い出した話はし"ない"
2. プレゼン進行表から外れ"ない"
3. 準備・練習していないことはし"ない"

POINT

予定にナイ話をするとまとまらなくなる

11

"平たい"口調は飽きがくる
話し方に「緩急・強調・間」を取り入れよう

眠くなるのは話し方に変化がないから

　ちょっと想像してみてください。風景にほとんど変化がない荒野。そこをまっすぐに伸びる道路——。そんなところを車で何時間も走り続けると、飽き飽きして眠くなります。話し方も同じで、聞き手から「単調で眠い」と言われる原因の多くは、変化がないから。**変化をつけるには「緩急・強調・間」が必要**です。そこでセリフの重要な箇所を強調する、俳優の「セリフを立てる」という技術を用いて解説しましょう。

・緩急をつける

　緩急とは「ゆっくり」「普通」「速め」と話す速度を変えることです。あなたが普段、人と会話している速度を「普通」として、製品名や数字、キーワードなど重要なところは「ゆっくり」、そうでない余談などは「速く」話します。

・強調する

　強調とはキーワードなどを「声の音量」「声の高低」「繰り返し」で変化をつけることです。大きめの声を出したり、逆に小さくしたり、高低で変化をつけると、聞き手は「重要な箇所なんだな」と集中してくれます。繰り返す場合は2回目は1回目よりゆっくり言うと、より確実に聞き手に伝わります。

・間を取る

　間を取るとは「話さない時間を作る」ことです。秒数にして1〜2秒間くらい空けても不自然には聞こえません。重要なポイントを話す前に間を置くことで、聞き手は「何を言うのか」と集中して聞いてくれます。

棒読みは、相手を飽き飽きさせる

どんな言葉に変化をつければよいか
- ☑ 製品名・商品名・サービス名
- ☑ 社名・部署名・人名
- ☑ キーワード（売上向上、コストダウン、短納期　など）
- ☑ 比較（日本一、世界初、全く新しい　など）
- ☑ 数字（100万人、25％、3億円　など）
- ☑ 擬音（グッと、ガツンと、サーッと　など）

変化を視覚化する
実際に練習してみましょう！

話し方に変化をつけるには何が必要でしょうか。／

それは「緩急・強調・間」／「緩急・強調・間」です。
（2回目）

記号例：「＿」緩急、「●」強調、「／」間を取る

聞き手に伝えたい時は、変化をつける

12

アイコンタクトが重要!
聞き手の目ではなく「鼻」を見て話す

目を見て話すと落ち着かない?

　欧米では聞き手の「目」を見て話すのが、プレゼンなどのコミュニケーションにおけるルールです。しかし、日本人同士でこれをやってしまうと、話すほうも見られるほうもなんだか落ち着きません。そもそも目を見て話す習慣がないからです。

　そこで**「目」ではなく「鼻」を見る**ようにしましょう。鼻でも緊張するという人は、ネクタイの結び目でも大丈夫。聞き手はちゃんと自分のほうを見て話している、と思ってくれますよ。

聞き手全員を見るにはジグザグに視線を配る

　プレゼンでは、聞き手全員を1人ひとり見て話します。その際、商談など聞き手が2〜3人しかいない場合は順番に見ればよいのですが、説明会など聞き手が10人以上いる場合、全員に均等に視線を配るために「ジグザクに視線を配る」という方法を使いましょう（次ページ図）。また、視線を移すタイミングは、文章上に「。」が出た時です。詳しくは次項でお伝えします。

慣れるまでが大変だけど、威力は絶大!

　プレゼン研修でこの「1人ひとりを見て話す」という演習をすると、前述の通り習慣がないし、何より気恥ずかしいので、皆さん相当苦労されます。しかし演習後「皆さんが聞き手の時、プレゼンターは顔を見て話をしてくれましたが、どんな気持ちになりましたか?」と質問すると、必ず次の答えが返ってきます。

　「自分に向かって話をしてくれていたので、ちゃんと話を聞こうと思いました」と。アイコンタクトの威力はもうおわかりでしょう。

視線の置き場は？

目ではなく「鼻」を見る

聞き手の鼻を見る

鼻でも緊張する人はネクタイの結び目

※ただし、聞き手が外国人の場合は必ず「目」を見るのがルール！

ジグザグに視線を配る

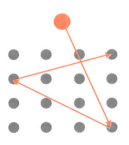

1. 最初は自分から一番遠い人を見る
　→遠くの人を見て話し出すことで、
　　全員が聞こえる声の大きさになる
2. 話が「。」で区切れたら、
　　今の聞き手から遠い人に視線を移す
3. 2の繰り返し

POINT

ちゃんと聞き手を1人ひとり見て話そう

13

話し続けてしまうのはダメ
「、」ではなく「。」で短く切って話す

一文が長すぎるとわかりづらい

　話がわかりにくい人の特徴の１つは「これが新機能の１つで、モニター調査でも大変高い満足度で、特に10代の満足度が高く、また……」というように、話が絶え間なく続くことです。

　このように一文が長くなる原因は、伝えたいことがまとまっていないことにあります。考えながら話すので話がダラダラと長くなり、聞き手に伝わりづらくなります。

「、」ではなく「。」で短く切る

　そこで「〜で、〜で、」のように「、」で話を続けるのではなく「〜です。〜ます」といったように、**「。」で短く区切りながら話すように心がけてみてください**。では、ここで再び前例を用いると、「これが新機能の１つです。モニター調査でも大変高い満足度でした。特に10代の満足度が高く手応えを感じています。〜」となります。

　これを「短文明快」と私は言っています。慣れないうちはアイコンタクトと同じく苦労しますが、聞き手にとっては、一文が短いほうが圧倒的にわかりやすくなります。

次の人を見る時は「。」で話が切れてから

　前項の「アイコンタクト」と「短文明快」はセットで使います。これは「。」までの一文が長いと、ずーっと１人を見続けることになるからです。当然気まずくなるので、話の途中で目を逸らしてしまいます。しかし、普通は途中で目を逸らされたら、聞き手は嫌な気分になってしまいます。ですから、なるべく短く「。」で話を区切ってから、次の人にアイコンタクトするようにしましょう。

話す時の区切りポイント

途切れることなく話し続ける人の主な症状

- が病
    例「……が、……ですが、……なのですが、」
- で病
    例「……で、……でして、……であり、」
- つまり病
    例「……になりまして、つまり……」
- そして病
    例「……となり、そして……」
- 要するに病
    例「……なので、要するに……」

改善手順

1. 自分のプレゼンを録音・録画
2. 一文が長すぎないかチェック
3. 「。」で区切って練習

POINT

「アイコンタクト」＋「短文明快」はセットで使う

14

要注意!「一方通行プレゼン」
タイミングよく、質問や問いを投げかけよう

プレゼンとは「対話」である

　一方通行のプレゼンとは、聞き手が考えたりうなずいたりする暇が一切なく、ひたすらプレゼンターが話し続けることを言います。

　時間が短ければそれでもよいのですが、数十分間もただ話を聞くだけというのは、非常に疲れるもの。実は私も20代後半の頃は、関西人なのでエンジンがかかると話が止まらず、しゃべり倒して聞き手を疲れさせていました。そうならないためにも、皆さんは「聞き手と対話すること」を心がけましょう。では、聞き手と対話をするにはどうすればよいのでしょうか。

問いかけて対話をしよう

　プレゼン上手な人が必ずやっているのは「質問や問いを投げかける」です。人間の脳というのは「聞く」という同じ作業が続くと飽きてしまうものですが、質問や問いを投げかけ「考える」という刺激を与えることで、集中力を取り戻すことができます。

　さらに質問して答えてもらうことで、聞き手が内容についてどの程度理解できたか、何を考えているかを知ることができます。

質問や問いの効果的な投げ方とは？

　もちろん、質問や問いをただ投げかければよいというわけではありません。例えば、聞き手全体が製品についてどれくらい知っているかを尋ねる場合に全体質問を使うなど、次ページに挙げた4つの質問技法「個別質問」「全体質問」「自問自答」「前問後答」を、それぞれ目的と状況に応じて使い分けましょう。

聞き手を飽きさせない質問テクニック

	誰に？	目的・効果	使い方
①個別質問	1人	知識レベルや聞き手の考えを聞く	「山田さん、出張は新幹線と飛行機のどちらが多いですか？」
②全体質問	全員	全体の知識レベルがわかる	「これをご存じだという方は挙手いただけますか？」
③自問自答	自分	聞き手の質問に先回りできる	「導入に際してかなり費用がかかるのではないか、と心配になりませんか？ 実はご予算に応じてプランを3つご用意致しました。最も導入コストが低いプランは〜」
④前問後答	全員	興味を持続させる	「聞き手に質問をする効果はなんでしょうか？ それをこれから解説していきます」

POINT

対話をすれば、聞き手の刺激にもなる

第3章　口ベタでもOK！ 相手の心をつかむ「話し方」のひと工夫

感情は込めるものにあらず!?
伝えたいことが言葉と態度に表れる

もっと感情を込めろと言うけれど……

「今のセリフ！ 感情が足りん！ もっと感情を込めろ！」

演出家がドラマや舞台などで、こう言っているイメージがありますが、私が学んだアメリカ人の演出家に言わせると、「全く逆。感情が先、セリフは後」です。普通は嬉しいという言葉を嬉しそうに言おう、とは考えません。嬉しいと思ったから「嬉しい」という言葉が自然に出てきます。私もよく演出家に「なぜその言葉が出てきたかを理解していない。ただセリフをしゃべっているだけだ」とダメ出しを食らったものです。

感情を伝えるのは言葉だけにあらず

ところでドラマや映画には、ぶっ飛んだ思考の持ち主や、変な趣味の持ち主など、正直言ってまともな登場人物はいません。

日常ではそこまでいきませんが、例えば、本当は嬉しいのに「別に……」と、感情と逆の言葉を出す素直じゃない人もいます。ところがよく観察すると、目が嬉しそうだったり、声のトーンが明るかったりと、実は態度に嬉しさが表れているもの。もし周りに素直じゃない人がいたら、一度よく観察してみましょう。

伝えたいことが言葉と態度に表れる

さて、日常でもプレゼンでも本当に伝えたいことがある時は、意識しなくても言葉や態度に表れるものです。心から「この契約だけは絶対に取りたい！」と思っていれば、それが「熱意」として伝わり、聞き手を動かすのです。話し方の技術も大切ですが、まずは心からプレゼンを成功させたい！ と思うことから始めましょう。

第**4**章

好感を持たれる!
自然に引き込む!
カンタン「演出」

> ほんのちょっと「見せ方」を変えるだけで、ガラッと印象は変わるものだ。本章では、聞き手を巻き込むための、誰でも今スグ実行できる、プレゼンの演出のコツを紹介する。

15

本番前に原稿は捨てなさい
原稿を持つと、意識が相手に向かなくなる

原稿を手に持ってはダメ！

　プレゼンに慣れていない人は話す内容を一言一句原稿に書き、それを手に持って読み上げる傾向にあります。

　「話すことを忘れてしまったら怖い。だから原稿を手に持ちたい」。その気持ちはよーくわかります。私も初めて講演会で話すことが決まった時は、当然90分間話すための原稿を書きました。しかし、私はそれを手に持って読みませんでした。なぜでしょうか？

意識が聞き手ではなく、原稿に向いてしまうから

　原稿を手に持って読むと、意識が「原稿を間違えないように読むこと」に集中してしまうからです。真面目な人ほど「弊社の概要ですが、あ、すみません、弊社の概要につきまして……」というように、別に言い直さなくても大丈夫な箇所まで読み直してしまいます。これでは、話がなかなか進まず、聞き手はイライラして内容が全く頭に入ってきません。

原稿の朗読ではなく、あなたの言葉を聞きたい

　プレゼンやスピーチなどで聞き手に伝えるためには、聞き手のほうを向いて話をしなければなりません。これはコミュニケーションの大原則です。聞き手は原稿の朗読が聞きたいのではなく、あなたの言葉を聞きたいのです。しっかり練習すれば、原稿を手に持たなくても大丈夫！勇気を出して原稿は手から離しておきましょう。

伝えたい相手を見て話す

原稿を手に持つと意識が聞き手に向かない

フリーハンドの心構え

- ☑ 聞き手のほうを向いて話をする
  聞き手に伝えるためには、聞き手に向かって話をしよう

- ☑ 原稿は持たない！ 見ない！ 読まない！
  聞き手は朗読を聞きたいのではないと心得よう

- ☑「てにをは」を言い直す必要はない
  「てにをは」など多少言い間違ったとしても、意味は通じる

聞き手のほうを向いて、あなたの言葉を伝えよう

16

スライドも見つめるな!
シンプルに作り、見せて・見て・話す

なぜスライドばかり見てしまうのか

　私は商談や新製品発表会、研修などでさまざまなプレゼンを見てきて気づいたことがあります。それは、プレゼンに慣れていなかったり、苦手な人のほとんどがスライドばかり見て話すことです。彼らにスライドを見る理由を聞くと大半は「見て話すと安心だから」。なかには「聞き手の視線が怖いから、ついスライドに逃げてしまう」というのもありましたが、**聞き手に伝えたいなら、聞き手を見て話すのが鉄則**です。残念ながら、逃げていてはプレゼンの目的を達成できません。

スライドはシンプルに

　とはいえ、スライドも見ないと話す内容を確認できません。
　要はチラッと見てどんな内容だったかわかればいいので、まずは、キーワードや要点のみのシンプルなスライドを作りましょう。くれぐれも文章で書かないことです。
　またスライドばかりを見て、文章を読み上げてしまいますよ。

上級者は必ず使っている「見せて、見て、話す」

　スライドの見せ方のテクニックが「見せて、見て、話す」です。
　慣れていないプレゼンターは、まだ話が終わっていないのにスライドを切り替え、視線はスライドと聞き手を行ったり来たりしてて、落ち着かない印象を聞き手に与えます。
　これを**「スライドを見せる」「聞き手を見る」「話す」を別々にする**だけで、非常に堂々とした落ち着きのあるプレゼンターに見えます。詳しい方法は次ページ図で解説しています。ぜひ身につけておきましょう。

スライドへの視線は一瞬

スライドは「見せて、見て、話す」

1. 見せて（2〜5秒間※）　　　　　　　　　　※スライドの内容による

話し手：スライドを映したら（切り替えたら）内容をサッと確認。
　　　　聞き手はまだ確認中なので、話し出さないこと！

聞き手：スライドに何が書いてあるか見ている

2. 見て

話し手：聞き手全体を見て、どの程度見終わったかを確認

聞き手：見終わった人と、まだの人がいる

3. 話す

話し手：8割程度の聞き手が見終わったら、そのうちの誰か1人にアイコンタクトして話し始める

聞き手：話し手に注目する

こんな時はスライドを見ながらでもOK

☑ 写真や図そのものについて説明する時
☑ 動画の動きに合わせて解説する時
☑ 頭が真っ白になって内容を忘れた時

スライドを見ながら話さない

17

釘づけ！「ブラックアウト」
途中でスライドを消すテクニック

わざとスライドを消すのは、演出！

　プレゼンはスライドを見せながら話すものですが、時々、スライドを消して何も映らない状態にする人がいます。私も知らなかった時は「あれ、故障？」と思ったのですが、実は意図的に消しているのです。これを「ブラックアウト」と言います。

スライドから話し手に注目してもらうため

　聞き手はスライドを見ながら話を聞いているわけですが、視覚と聴覚では視覚のほうが情報量は圧倒的に多いので、つい意識がスライドに向くのです。そこで聞き手に質問する時や、具体例・体験談などを話す時、**スライドを消して自分に意識を集中させるためにブラックアウトを使います**。その際、一歩前に出て話をすると、より聞き手の意識が集まるようになるので、ぜひ試してみてください。

ブラックアウトは「B」キーで

　スライドの消し方は簡単です。スライドショーモードでキーボードの「B」キーを押してください。画面が真っ暗になります。

　「B」はスペースキーの真上にありますので覚えやすいですね。また、リモコンにもブラックアウトボタンが備わっているものがありますので、パソコンから離れている場合でもブラックアウトできます。スライドを再表示する時は、もう一度「B」や「Enter」キー、リモコンのボタンを押しましょう。

　消す時の注意点は話の途中でいきなり消さないことです。必ず「。」で話を区切り、少し間を空けてからブラックアウトしましょう。

ブラックアウトのコツ

ブラックアウトのやり方

・キーボードの「B」キーを押す
・リモコンの「ブラックアウトボタン※」を押す

※機能がついている場合。メーカーによって呼び名は異なる

・スライド再表示は「B」や「Enter」、リモコンのボタン

ブラックアウト時の注意点

☑ **キーボードの文字入力モードを「英数」に**
　文字入力を「半角（英数）モード」にしないと、
　ブラックアウトできない場合がある

☑ **必ず一歩前に出る**
　そうすることで、より聞き手の注意を集めることができる

☑ **話の途中でいきなり消さない**
　「。」で話を区切ってから、間を空けてブラックアウトする

注）お使いの機種によっては操作方法が異なる場合もあります。
　　詳しくはお使いの機器メーカーへお問い合わせください

ブラックアウトで注目度アップ！

18

スマートなスライドショー操作
自分に合ったリモコンの型を探そう！

スマートに操作するには、やはり練習！

　スライドショーとは、スライドをスクリーンに映し出す「投影モード」のことです。キーボードの「Enter」キー等を押すと、次のスライドに切り替わりますね。これを**スマートに操作するには、いつものように「練習」が必要です。**

　操作がもたもたしたり、スライドが進みすぎたり戻りすぎたりを繰り返せば、せっかくのプレゼンが台無しです。

リモコンを使おう

　オススメはパソコンが変わっても、慣れた操作ができるリモコンです。パソコンの前にいなくてもスライドを切り替えられるので、特に広い会場で歩きたい場合は必須アイテムです。

　型もさまざまで、手の中に収まる手のひら型から、握りやすいスティック型、指にはめる指輪型なんていうものもあります。また最近のリモコンは機能も豊富で、レーザーポインターつきは当たり前、なかにはタイマーが内蔵されていて、時間になると振動して教えてくれる至れり尽くせりなものも。つい時間オーバーしてしまう人には必須アイテムです。

こうすればスマート！

　スライドショー開始はPowerPointは「F5」キー、Keynoteは「再生(▶)」キーです。わざわざマウスで「開始」をクリックする必要はありません。また、リモコンはスクリーンではなくパソコンに向けましょう。テレビではありません。そして話の途中で切り替えるのもやめましょう。聞き手の意識がスライドに向き、話を聞かなくなるからです。

スライドショーの操作

スライドショーを操作するショートカットキー

	キー	使用例
スライドショー開始	F5	—
スライドを進める	Enter、スペース、↓、→、マウスの左クリック、リモコンの進むボタンなど	—
スライドを戻す	Backspace、delete、↑、←、マウスの右クリック、リモコンの戻るボタンなど	—
任意のページに飛ぶ	スライド番号＋Enter	P2からP14へ→14+Enter
画面を消す	「B」、リモコンのブラックアウトボタン	（詳しくは前項で解説）
スライドショー終了	ESC 注）開始前に英数入力モードに切り替えておくこと	—

主なプレゼン用リモコンの種類

手のひら型

スティック型

指輪型

注）お使いの機種によっては操作方法が異なる場合もあります。
詳しくはお使いの機器メーカーへお問い合わせください

操作に慣れるまで練習しよう

第4章　好感を持たれる！ 自然に引き込む！ カンタン「演出」

19

壇上を歩けば飽きられない
「スライドの内容」と「聞き手の集中力」に合わせる

適当に歩くと、ただの落ち着きのない人に見える

　ひと昔前までは、日本人のプレゼンは演壇の前で動かず行うのが一般的でした。しかし欧米のプレゼンスタイルが入ってきて、演壇を取り払い、自由に動き回る人が増えてきたのです。

　ただ、まだまだ「適当に」歩いている人が大勢います。ひどい場合はちょこまか動きすぎて、ただの落ち着きのない人に見えてしまうこともあるほどです。そこで、基本は「動かない」状態をキープし、あるタイミングで歩くと非常に効果的です。

歩くための2つのタイミング

　タイミングは2つ。1つは**「スライドの内容に合わせて」**です。

　例えば聞き手から見てスライドの左側に立っている時に、右側の項目について説明したい場合、自ら動いて示します。そうすることで、スライドの見せたいところに、聞き手の視線を集中させることができます。

　もう1つは**「聞き手の集中力が落ちてきた時」**です。動かずにいると、聞き手は刺激がなくなり飽きてきます。そこで立ち位置を変えることで「なんだろう？」と思わせるのです。

　プレゼンではありませんが、私はよく研修でちょっと集中力が落ちてきている受講生を見つけたら、『白熱教室』（NHK）のマイケル・サンデル教授のようにその人の近くに移動して話をするようにしています。講師が近寄ってくると、話を聞かなければ！　と思いますからね。

　なお、会場が狭い、プレゼンを録画している、照明の位置などの都合で、動いてはいけない場合もありますので、事前に確認しておくことが肝要です。

視線を集める絶妙な歩き方

プレゼン慣れしているように見える「歩き方」

- ☑ 姿勢を正して、ゆっくり堂々と歩く
- ☑ 左右だけではなく、前に出るのも効果的
- ☑ 床にコードが這わせてある場合、引っかからないよう注意
- ☑ プロジェクターの前を横切る時は「ブラックアウト」を使う（詳細はP60）

どのタイミングで歩くか？

1. スライドの内容が変わる時

2. 聞き手の集中力が落ちてきた時

目的を持って歩くこと

20

ジェスチャーの使いどころ
言葉を強調したいところで使う

日頃からジェスチャーを使って会話している

　私たちは日常会話において、けっこう手を動かしながら話しています。ちょっと、近くで話している人たちを観察してみてください。
　……ほら、動いているでしょ？　これはなんとか相手に「伝えたい」という想いの表れです。プレゼンでも伝えたいところでジェスチャーを使えば、より聞き手に伝わりやすくなります。

不自然に見えるのは使い方を間違っているから

　ジェスチャーというとTEDなど大会場で外国人の話し手がやっている「大きな動き」をイメージする人が多いようです。
　しかしビジネスでは通常、聞き手は数人なので、そのまま真似てしまうと、大げさすぎて不自然に見えます。
　また、両手が「小さく前にならえ！」の形で常時上下に動く、人差し指を立て振りながら話す、などのワンパターンも間違った使い方です。人間は本能的に動くものに目がいきます。それでは気が散りますので、意味のない不自然なジェスチャーはやめましょう。

伝えたいことを強調するために使おう

　例えば「拡大しました」と両手を左右に広げながら話すと、言葉が強調され、聞き手により伝わりやすくなります。このようにジェスチャーは緩急・強調・間（46ページ参照）と同じく**「伝えたいことを強調するため」**に使いましょう。

聞き手の目を引くジェスチャー

元俳優の著者直伝!「伝わるジェスチャー」

1. 通常

- 通常時、両腕は力を抜いて両脇に下ろしておく
  手を前に組んだままだと
  自信がないように見える

2. 強調

- 強調したい言葉と同時に動かす
  「拡大しました」+両手を広げる
  「ポイントは3つ」+指3本で示すなど

- ピタッと止め、スッと下ろす
  いつまでも動いていると、気が散る

3. 大人数

- 大人数の場合
  最後列までよく見えるよう
  1.5〜2倍ほど大きく動かす

4. 少人数

- 少人数の場合
  日常会話と同じ動かし方

ジェスチャーは相手の心を動かすキッカケ

21

デモを効果的に行うために
ホントに見せたい部分だけに絞る

せっかくのデモも手間取れば台無し

「操作は簡単です」「よく切れます」と、言葉やスライドだけで説明するより、実際に操作しているところや、切っているところをデモンストレーション（略して、「デモ」）で見せたほうが、非常にわかりやすく説得力も高まります。反面……、上手にデモできなければ聞き手はガッカリします。せっかくスムーズに進んでいたプレゼンも、準備に手間取ったり、思った通りに動かなかったりして、あっという間に聞き手の心が離れていく場面を幾度となく見てきました。

もしもあなたがプレゼン中にデモを入れているのであれば、最も多くの時間を費やしてスムーズにデモできるよう練習しなければなりません。

「そこからデモする必要ある？」と聞きたくなるプレゼン

上手なデモのポイントは「聞き手が見たいところだけに絞る」ことです。逆に悪い例を挙げると、システム関連などのデモでよく見かける、ログイン方法からの説明です。しかし、よーく考えてください。本当にそこからデモする必要がありますか。ログイン方法なんてだいたいわかります。それよりも、聞き手が見たいのは特徴や操作性です。話をよりわかりやすくするために、見せるポイントは絞りましょう。

「説明→デモ→まとめ」で説得力アップ！

時折「まずはデモをご覧ください」と唐突に始める人がいます。プレゼンターはインパクトを狙ったのでしょうが、残念ながら聞き手は唐突すぎてついていけません。鉄則は、まずどんなデモをするのか簡単に説明してから、デモを始めることです。最後にもう一度どんなデモだったかまとめることで、説得力がアップします。

デモを成功させるために

聞き手の心があっという間に離れる「NGデモ」例

- ☑ 準備に手間取り、なかなか始まらない
- ☑ 操作が早すぎて目が追いつかない
- ☑ 機材などが思った通りに動かない
- ☑ エラーが出る
- ☑ 項目が多すぎて長い

＜包丁の実演販売の良い例と悪い例＞

	OK	NG
1. はじめ	「驚きの切れ味！蒲鉾(かまぼこ)を板ごと切ってご覧にいれましょう」	「実際に切ってみましょう」
2. 内容	板付蒲鉾をサッと取り出し、1、2回板ごと切る	包装用紙がついたままの板付蒲鉾を取り出し、めくるところから始める（たいてい緊張しているのでうまくめくれず手間取る）
3. まとめ	「このように柔らかいものから硬いものまで一刀両断です」	「以上、デモをご覧いただきました」

POINT

スムーズにデモできるよう徹底的に練習すること

第4章 好感を持たれる！自然に引き込む！カンタン「演出」

22

「表情がカタい」は大損!!
笑って顔の筋肉を柔らかくしよう

年とともに顔の筋肉は硬くなる

　経営者層に話し方をテーマに講演をした時のことです。参加者の50代の方から「顔が怖いと言われる。どうしたらいいか」と聞かれました。お顔を拝見すると、たしかに怖そうに見える……。しかし、本人はいたって普通だそうで、ご自身も「見た目で損をしている」とお悩みのようです。一般的に、**年とともに顔の筋肉（表情筋）は硬くなっていきます。ですから笑っているつもりでも、筋肉が硬くなっているのであまり動かず、怖く見えてしまう**のです。

笑うのが一番！

　表情筋が柔らかくなり、話のネタも増え、健康体にもなれる夢のような方法があります。それはお笑い番組や落語、コメディー映画を見て「笑うこと」です。笑うと、目や頬、口の周りの筋肉がよく動き、表情が豊かになります。また経営者層は人前で話す機会も多いので、その時のネタにもなります。さらにウイルスやがん細胞を攻撃するNK（ナチュラルキラー）細胞が活性化し、病気になりにくくなるという実験結果[※]もあり、まさに一石三鳥というわけです。

緊張をほぐすにも笑いが効果的

　緊張すると表情が硬くなります。そこで直前にトイレなどで鏡を見ながら、プレゼンが成功した時のことを想像して「ニヤリ」と笑ってみてください。気分がよくなり、肩の力も抜けますよ（ただし他人に見られないように注意）。

※参考文献：『笑いの健康学』（伊丹仁朗著、三省堂刊）より

表情を柔らかくする

ギャップに注意

イメージでは……

本人は笑顔のつもり

表情筋が硬いと……

「実際の表情」は……？

聞き手にはこう見える

「怖い顔」をにこやかに変えるには……？

お笑い番組や落語で笑おう

- ☑ 表情筋が柔らかくなり、表情が豊かになる
- ☑ 話のネタが増える
- ☑ NK 細胞が活性化し健康になる

POINT

「笑い」はあなたと聞き手を救う

第4章 好感を持たれる！自然に引き込む！カンタン「演出」

23

聞き手を笑わせるには？
自分の失敗談やクスッと笑えるネタで勝負！

「笑い」は諸刃の剣である

　プレゼン中に自分が発したちょっとしたひと言で笑ってもらうと、場も和み、自分自身もリラックスできて、その後のプレゼンも非常にラクになります。しかし、スベった時は悲惨です。会場はシーンとなり、嫌な汗が噴き出してきます。当然、私もスベった経験がありますが、何度思い出しても嫌なものです。

失敗談や自虐ネタ、ツッコミたくなるネタにする

　しかしどうしても笑わせたいというのであれば、まずは大ウケを狙わないことです。**戦略的にも小さな笑いを散りばめたほうが、笑いやすい雰囲気を作ることができます。**

　そして自身の失敗談や自虐ネタ、思わず「なんでやねん！」と心の中でツッコミたくなるネタで勝負しましょう。

　例えば、次ページに挙げているように、ソフトバンク社長の孫正義氏は「頭髪」の自虐ネタで有名ですね。話の中に薄い、抜ける、光るなどのキーワードがあれば、さりげなくネタにしています。

　ぜひ自分自身の使えるネタを探してみましょう。

ネタ帳を作ろう

　私は俳優時代にお笑いや落語を研究していました。そこで気づいたのは、「ネタ帳」を持つことが大切だということです。プレゼンでも日常会話でも、笑わせるのが得意な人は、常にネタを探し続けていて、ネタ帳に書き留めています。そして次のプレゼンで使えそうなものをそこから見つけてくるのです。私も面白いネタはスマホにすぐ書き留めるようにしています。ぜひネタ帳を作りましょう。

つねに「ネタ」をストックしよう

「小さな笑い」をもらう鉄板ネタのパターン

パターン	例	発言者
失敗談	タクシーで「右に曲げて」と言い間違えたら、「イヤー、今は曲げてないんですわ〜」と返された	私（西原猛／日本プレゼンテーション教育協会代表理事）
失敗談2	メールに添付をし忘れ、慌てて「すみません、添付忘れでした」と送ったそのメールにも、添付を忘れた	私の講座受講生
自虐	価格、端末は毛が抜けるほど努力している	孫正義／ソフトバンク社長
自虐2	体重はわずか0.1トンしかありません	私の講座受講生
ツッコミ	ハンバーガーより、うどんが好物です	藤田田／日本マクドナルド創業者
ツッコミ2	まだまだ当協会をご存じない方が多いので、今日90分のセミナーのうち85分かけて協会を紹介します	私（西原猛／日本プレゼンテーション教育協会代表理事）
名前ネタ	熊本支店の宮崎です。宮崎支店の熊本ではありません。実在するので間違えないようお願いします	私の講座受講生

POINT

笑いは1日にして成らず

俳優と
プレゼンター

column 4

テクニックはさりげなく使う
「思わず引き込まれる」話し方

セリフを読むな、会話せよ

　俳優の技術の１つに「セリフを読むな、会話せよ」というものがあります。テレビドラマを見ていると新人とベテランの差は歴然です。新人は覚えたセリフを間違えないようにしゃべるので一生懸命ですが、ベテランは全くセリフをしゃべっているようには聞こえません。
　間はどうするか、表情は、仕草は、などさまざまなテクニックを使った結果、普通に会話しているように見せているのです。

プレゼンも普通に話しているように見えるのが一番いい

　１対１の商談の場合、普段通りの話し方で十分ですが、聞き手が数人以上になると普通の話し方では、変化に乏しく単調になってしまいます。しかしプレゼン上手な人は、たとえ聞き手が数百人でも日常会話のようにごく普通に、自然体で話しているように見えます。実際は普段以上に緩急をつけたり、間を取ったり、アイコンタクトしたりと、ベテラン俳優と同じようにさまざまなテクニックを使っています。ただ、聞き手には使っていることがわからないだけです。

テクニックはさりげなく使うのがスマート

　ある金融セミナーで前述のブラックアウト（60ページ）を使った講師が「画面消えたでしょ、すごいでしょ」と嬉しそうに話していました。
　このようにテクニックを身につけると、つい披露したくなるものですが、聞き手にとっては「それがどうした？」です。
　テクニックとは、聞き手によりわかりやすく伝えるための手段にすぎません。いわば裏方で、表に出すものではないのです。
　本章で学んだテクニックをさりげなく使いこなし、「なんだかわからないけど、とにかくあの人の話し方は引き込まれるね」と褒められるスマートなプレゼンターを目指しましょう。

第 **5** 章

5通りの「組み立て方」
で驚くほど
わかりやすくなる！

さて、ココからは、プレゼンの軸となる「内容の組み立て方」について考えていく。端的にわかりやすく伝えるためには、欠かせない手法ばかりだ。ぜひ身につけていこう。

24

専門用語で人は離れる
話を組み立てる以前の「用語」の取り扱い

使っていい場合と使わないほうがいい場合がある

　本章では話の「組み立て方」を学んでいきますが、それ以前の大原則として、**「専門用語」は使わない**ことを念頭に置いてください。

　いくら話の筋が通っていたとしても、使う言葉を聞き手が知らなければ元も子もありません。例えば、あなたはＩＴに詳しいけど、聞き手は苦手など、知識レベルに差がある場合です。逆に、「あなたも聞き手もＩＴに詳しい」というように、同じ業界や知識レベルであれば、全く問題ありません。むしろどんどん使ったほうが話は早いです。心理学的にも同じ言葉を使ったほうが、お互いの距離が縮まるとされています。このように、聞き手とアナタとの共通言語を見極めて使いましょう。

そのカタカナ語、聞き手は理解している？

　プレゼンターの中には、カタカナ語がやたら好きな人がいます。

　カタカナ語とは、「今日のアジェンダは……」「必ずエビデンスを明記せよ」などの用語のことですが、これも聞き手の理解を妨げる原因です。プレゼンで使うと、デキるビジネスパーソンになった気分になりますが、デキるデキないよりも、**聞き手に伝わるか伝わらないかのほうが重要**です。聞き手が理解できる言葉を話しましょう。

カタカナ語を使ったほうがいい場合もある

　ただし専門用語と同じく「聞き手がよく使っているカタカナ語」は使いましょう。例えば事前のヒアリングで、商談相手が「うちのコア・コンピタンスは〜」と連発していたら、あなたも使うべきです。聞き手に「業界のことをよく知っているな」と好印象を与えることができますよ。ただし、言葉の意味をちゃんと調べておくことを忘れずに！

専門用語とカタカナ語の取り扱い

要注意！ 同音異義語の専門用語

SE：システムエンジニア、サウンドエフェクト（効果音）
生保：生命保険、生活保護、生鮮保持
PMS：Project Management System（ＩＴ業界）、
　　　Property Management System（ホテル業界）

・特に複数の意味がある略語は、最初に何の略かを説明すること
　例「現代の日本では『生保』、生活保護の略ですが、
　　非常に大きな問題に……」

日本語で話したほうが
わかりやすいカタカナ語の例

アサイン：割り当てる、任命する
アジェンダ：議題、行動計画
エビデンス：証拠、証言
コア・コンピタンス：得意分野、得意技術
コンフリクト：対立、衝突
スキーム：事業計画
バジェット：予算
ハンズオン：実物を体験する
ハンドアウト：配布資料、配布物

POINT

聞き手が理解できる言葉を話そう

25

「事実」だけでは動かない
「意見」「証拠」も揃える

何を話せば聞き手は動くのか？

　大原則をもう1つ。プレゼンで説得力を高めるには、聞き手を動かすための「3つの材料」を揃えることです。例えば「新製品をプレゼンする」時のパターンで考えてみましょう。

A「重心の位置を変えました」（事実）
B「重心の位置を変えて、より持ちやすくなりました」（事実＋意見）

　聞き手の立場で考えると、Aだけでは「ふーん、それで？」と思うだけです。次にBではAより伝えたいことはわかりますが、「本当かな？」という疑問も湧いてきます。そこで「証拠」をここに添えてみましょう。

C「重心の位置を変えました。より持ちやすくなりました。
　　モニター結果でも7割以上が『持ちやすい』と回答しています」
　（事実＋意見＋証拠）

　このように、証拠を示して初めて聞き手は「なるほど」と納得します。プレゼンとは「事実＋意見＋証拠」の違い（次ページ図）をよく理解した上で、それらを積み重ねて、説得力を高めていくことなのです。

3つ揃えば聞き手は納得

　伝わらないプレゼンターの多くは、事実ばかりを話しています。「事実・意見・証拠」の3つをきっちり揃えて、説得力を高めましょう。
　さて、前項の「専門用語」そして「事実・意見・証拠」の大原則を覚えたら、次項からいよいよ話の組み立てに入ります。

事実・意見・根拠の違い

「事実」 誰から見ても明らかなこと

・あれは犬だ
・駅前にカフェができたよ
・前機種より軽くなりました

「意見」 自分の考えが入っていること

・あれはかわいい犬だ
・駅前にお洒落なカフェができたよ
・前機種よりかなり軽くなりました

「証拠」 事実や意見を裏づける客観的意見のこと

・あれはかわいい犬だ。犬雑誌の「かわいい犬ランキング」で毎年ベスト3に入る人気者だ
・駅前にお洒落なカフェができたよ(紹介記事を見せながら)。いい雰囲気だよね
・前機種よりかなり軽くなりました。30%も軽くなっています

3つを揃えて、相手を納得させよう!

26

「連想マップ」でアイデアを
1.アイデア→2.絞り込み→3.組み立て

聞き手の興味・関心・期待は何か

　プレゼンで話す内容を考える時に、まずは、テーマに対して聞き手の興味・関心・期待は何か？　という視点で、どんどんアイデアを出しましょう。オススメは「アイデア連想マップ」です。A４用紙のど真ん中にテーマを書いて、その周りに聞き手が興味を持っていそうなことなどを、思いつく限り書き出してみましょう（次ページ図）。

３つに絞り込む

　マップ全体を眺めると、例えば「仕事のやりがい」「先輩社員の志望動機」などは「やりがい」でグループ化できます。このように関連性の高いものをグループ化し、聞き手が最も聞きたいグループを３つに絞り込みます。せっかくのアイデアを話さないのはもったいない、と思うかもしれませんが、３つ以上は聞き手が覚えにくくなります。残ったグループは配布資料に書いておけばよいので、**話すことはくれぐれも３つ以内にしましょう。**

話す順番を考えて組み立てる

　絞り込んだら話の順番を考えます。次ページ図では、ビジネスで最もよく使われる「要点提示法」を例に組み立て方を解説しています。他にも「ＰＲＥＰ法」「時間軸法」「一点三例法」「ＫＫ法」と合わせて５つの組み立て方が基本です（各組み立て方の詳しい解説は次項以降を参照）。
　これらはプレゼンに限らず、スピーチや報連相、そして日常会話までさまざまな状況で使えますから、絶対に覚えて使えるようにしましょう。

アイデアを紙に落とし込む

「要点提示法」で学生向け会社説明会を組み立てる

※「要点提示法」については84ページで解説

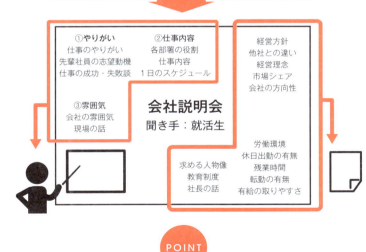

会社説明会
聞き手：就活生

- 有給の取りやすさ
- 各部署の役割
- 残業時間
- 社長の話
- 会社の雰囲気
- 仕事の成功
- 求める人物像
- 他社との違い
- 仕事内容
- 経営理念
- 転勤の有無
- 現場の話
- 求める人物像
- 他社との違い
- 仕事のやりがい
- 先輩社員の志望動機
- 教育制度
- 経営理念
- 1日のスケジュール
- 休日出勤の有無
- 会社の方向性
- 失敗談

↓

①やりがい
仕事のやりがい
先輩社員の志望動機
仕事の成功・失敗談

②仕事内容
各部署の役割
仕事内容
1日のスケジュール

③雰囲気
会社の雰囲気
現場の話

経営方針
他社との違い
経営理念
市場シェア
会社の方向性

会社説明会
聞き手：就活生

求める人物像
教育制度
社長の話

労働環境
休日出勤の有無
残業時間
転勤の有無
有給の取りやすさ

POINT
何を話し、何を話さないか決める

第5章 5通りの「組み立て方」で驚くほどわかりやすくなる！

27

内容を組み立てる5つの用法
5つの方法で順を追って話す

話す前にまず内容を整理せよ

　某銀行の営業部Aさんは、何か考えが思いついたらすぐに話さないと気が済まないタイプです。しかし考えがまとまっていないうちに話し出すので、周りの人に「結局、なんの話？」と言われてしまいます。しまいには本人すら「あれ、なんの話をしていたっけ？」とわからなくなることも多々あるとか……。

　プレゼンに限らず、人に何かを伝えたい時は、**話し始める前に「何を伝えたいのか」と頭の中を整理することが大切です。**

どうやって整理すればいい？

　思考を整理するには、何事にも基本パターンというものがあります。例えば新聞記事の組み立てパターンは「見出し・リード（前文）・本文」、小説なら「起承転結」、落語なら「枕・噺（はなし）・オチ（サゲ）」などです。

　同様にプレゼンにもパターンがあります。状況に応じた適切なものを選び、それに当てはめていけば、毎回、頭を悩ませなくても、聞き手に伝わるプレゼンの組み立てができます。

こう使い分ける！ 5つの組み立て方

　基本パターンは5つ。プレゼン内容と時間によって最適なものを選びましょう。主に「要点提示法」は商談に、「ＰＲＥＰ法」は提案に、「時間軸法」は新製品発表会やスピーチに、「一点三例法」は説明に、「ＫＫ法」は報連相に、と使い分けると便利です（次ページ表）。

伝わるプレゼン！ 5つの方法

	ページ数	内容	状況	時間
要点提示法	P84〜85	要点を先に提示し、その後詳しく話す	製品紹介、会社説明会、講演など	10分以上
PREP法	P86〜87	Point 結論、Reason 理由、Example 事例、Point 結論	問題解決、企画提案、報告、連絡など	5〜10分以上
時間軸法	P88〜89	時間軸に沿って組み立てる	新製品発表、スピーチ、企画提案など	10分以上
一点三例法	P90〜91	伝えたいことを3つの事例等で裏づけ	スピーチ、展示会など	3〜10分以内
KK法	P92〜93	結論、根拠の頭文字。結論が先、根拠は後	朝礼、報告、連絡、相談、名刺交換など	3分以内

第5章 5通りの「組み立て方」で驚くほどわかりやすくなる！

「状況と時間」に合わせて最適なものを選ぼう

伝わるプレゼン
組み立てメソッド①

「話についていけない」を解消！
真っ先に大事なコトを。「要点提示法」

わかりにくい人ほど、いきなり詳しく話し出す

あるメーカーの若手エンジニアの方が、プレゼンで「商品の特徴は、まず処理速度が13％アップしたことですが、これは……」といきなり詳しい話から始めました。

聞き手としては、まだプレゼン全体の内容がわかっていないのに、詳しい話をされても、一体なんの話をしているのかさっぱりわかりません。これが「話についていけない」という状態です。

まずは要点だけ話す

そこで「要点提示法」の出番です。「特徴は３つです。１つ目は……。２つ目は……」というように、**まず要点だけを聞き手に提示し、それから１つひとつ詳しく話します**。そして最後にもう一度「まとめ」として要点を繰り返します。

聞き手にとって「どんな話をどんな順番でするのか」が最初にわかるので安心感が生まれるのです。またプレゼンターにとっても、話が整理できているので話しやすくなり、脱線しにくくなります。

要点が多すぎると覚えられない

「３つでないとダメですか？」とよく質問されますが、単に、非常に覚えやすい数字とされているからです。

例えば信号機が「赤黄青」の３色ではなく「赤茶黄紫青白」の６色だとしたら、小さな子どもは覚えにくいし、「紫ってどんな意味だっけ？」と一瞬の迷いが事故のもとになり大変です。

要点の数を７個も10個も挙げてしまうと、話は長くなり、そして覚えられませんから基本は３つ、多くても５つまでに絞り込みましょう。

要点提示法の話し方

とある牛丼チェーン店の個人投資家向け説明会でのシーン

要点だけ	当チェーン店の特徴は次の3つです。1つ目は「早い」、2つ目は「美味い」、3つ目は「安い」です。
それぞれ詳しく	1つ目の「早い」ですが……（詳しく話す） 2つ目の「美味い」は……（詳しく話す） 3つ目の「安い」とは……（詳しく話す）
まとめ	このように「早い、美味い、安い」の3つの特徴でお客様から非常に高い評価をいただいております。 この後試食をご用意しておりますので、ぜひ味の評価をお願いします。

いきなり詳しい話から始めない

第5章 5通りの「組み立て方」で驚くほどわかりやすくなる！

伝わるプレゼン
組み立てメソッド②

現場で使える「PREP法」
必要なのは、「結論・理由・事例・結論」

結論→理由→事例→結論

　最初に「結論＝伝えたいこと」を話し、その理由や結論を裏づける根拠を話す方法を「PREP法」と言います。「具体例や事例は３つまで」がポイントです。多すぎると話が長くなり、逆に伝わりにくくなります。最後にもう一度要点を繰り返すのは、時間が経つと忘れてしまうので、大事なことを繰り返して聞き手の記憶に残るようにするためです。

「結論が先」はビジネスの基本中の基本！

　「結論が先、理由は後」という話の組み立て方は、プレゼンだけではなく、報告や会議などさまざまなビジネスシーンにおいて基本中の基本です。特に聞き手が社長や役員の場合、１分１秒が貴重な方ばかりなので、必ず結論を先に話しましょう。極端な話、30分のプレゼン予定でも、最初の５分間で結論がハッキリしていて、社長に伝えたいことが伝われば、「わかった。進めてくれ」とOKが出ます。逆にいつまで経っても結論がハッキリしないと「きちんとまとめてこい！」と怒られます。

事例の説明より「結論」と「理由」が重要！

　時々、事例の説明に時間をかけすぎて、肝心の結論がぼやける人がいます。プレゼンの要は「結論」と「理由」です。事例の説明ばかりせず、肝心な「聞き手を動かす」という、プレゼン本来の目的を忘れないようにしましょう。「要点提示法」と似ていますが、要点提示法が「AとBとC」と、複数のことについて話す場合に用いるのに対して、「PREP法」は「A」だけについて、詳しく話す時に用います。うまく使い分けましょう。

PREP法は4つの要素からできている

某家電メーカーの社内ミーティングでのワンシーン

| 結論 Point | 新機種は2機種に絞り込み、選びやすくしましょう |

| 理由 Reason | さまざまな機種を発売しても、ユーザーはどれを選べばよいのか混乱するだけです |

| 事例 Example | 調査でも、違いがよくわからず、結局買い替えを見送るとの声が多数あります |

| 結論 Point | だから2機種に絞り込み、選びやすくしましょう！ |

「結論」と「理由」をしっかり考えよう

第5章 5通りの「組み立て方」で驚くほどわかりやすくなる！

伝わるプレゼン
組み立てメソッド③

「時間軸法」で提案を物語る
時間の流れに沿って組み立てる

ストーリーで伝えたいならこれ

「3年前に発売した『貼るマスク』は100万枚の大ヒット。しかし我々はさらに改良を続けてきました。それが新製品『超貼るマスク』です。今度は新素材がPM0.1をもキャッチします」

時間軸法とは、このように、時間の流れに沿って話を組み立てる方法です。新製品発表会、講演などストーリーで伝えたい場合に使います。

結論を最初に言わない

時間軸法と他の組み立て方の大きな違いは「結論が後」ということです。ビジネスは「結論を先に」と、私は散々申し上げてきましたが、何事にも例外があるのです。例えば、次ページ図のテレビショッピングでは、話し方や身振り手振りに目が行きがちですが、実は組み立て方も非常に参考になります。最初から「結論＝上を向くだけダイエット」の紹介をするより、焦らして期待感を高めた上で結論を話すほうが、「次の行動＝申し込み」につなげやすくなります。時間軸法は発表会のようなエンターテインメント系プレゼンに最適の組み立て方法です。

過去から始めるか、未来から始めるか

「過去」から始める場合は、まず聞き手が抱えている問題などを示します。その解決策を提案し、相手がそれを受け入れることでどんな効果が現れるか、の順番で組み立てます。「未来」から始める場合は、先に「問題解決後の姿」や「理想の姿」を示します。その姿になるにはどうすればよいかを示し、そのために解決すべき問題は何か、を示します。

大切なのは過去が先でも未来が先でも、聞き手が共感できるかどうかです。どうすれば先を聞きたくなるか、しっかり考えましょう。

時間軸法の2パターン

よくあるテレビショッピングの場面

A　過去→現在→未来のパターン

| 過去
課題・悩み | これまでいろんなダイエットを試してきたけど、失敗してばかり……とお悩みの皆様に朗報です！ |

| 現在
結論・解決案 | 今日ご紹介するのは「上を向くだけダイエット」。失敗する理由がどこにも見つかりません！ |

| 未来
予測・効果 | 2週間でこんなにスッキリ！理想のボディを手に入れましょう！ 今すぐお電話を！ |

B　未来→現在→過去のパターン

| 未来
予測・効果 | 2週間でこんなにスッキリ！ こんな理想のボディになりたくないですか？ |

| 現在
結論・解決案 | 今日ご紹介するのは「上を向くだけダイエット」。失敗する理由がどこにも見つかりません！ |

| 過去
課題・悩み | これで「あらゆるダイエットに挑戦しては失敗ばかり」というお悩みとはさようなら！ 今すぐお電話を！ |

POINT

最初に必ず共感してもらえることを話す

第5章　5通りの「組み立て方」で驚くほどわかりやすくなる！

伝わるプレゼン
組み立てメソッド④

ホントに伝えたいことだけを！
短時間で記憶に残る！「一点三例法」

時間が短くても伝えられることはある

　プレゼンで毎回30分以上もらえたらよいのですが、突然、相手先の都合で時間が短くなる、展示会で自社ブース訪問者に手短に製品PRする、など短時間でプレゼンする機会も多いもの。そこで「聞き手を動かす」という**プレゼンの目的を短時間で達成する方法が「一点三例法」**です。

一点突破で「次」につなげよう

　まず目的を「改めてプレゼン機会をもらう」「サンプル請求してもらう」など次につなげやすいものにします。時間がないので契約を取るなどの大きな目的では達成困難だからです。

　次に目的を達成するために「ホントに伝えるべきこと」を1つだけ決めます。例えばサンプル請求の場合、「サンプルを1週間使ってみれば違いがわかる」などです。

　あとはこれを裏づける証拠や事例を次ページ図のように3つ以内で話します。なお、この3つの例を用いる理由は覚えやすいという効果以外に、違う3つの事例を出すことで、年齢や経験が違うさまざまな聞き手にも、どれか1つは理解できるだろう、というもくろみです。

PREP法との違いは時間の長さと目的の大きさ

　PREP法も一点三例法も1つのことについて話しますが、前者は「時間があり、大きな目的を達成したい」場合、後者は「時間が短く、小さな目的を達成したい」場合に用いるとよいでしょう。

一点三例法とは？

展示会でＰＲするひと幕

伝えるべきこと	サンプルを1週間使ってみれば違いがわかる
例1	サンプルを1週間使ってみた企業の声
例2	サンプル使用後の契約率は97.2%
例3	実際に契約された企業の声
次につなげる一言	こちらの簡単なアンケートにお答えいただければ、サンプルをお送りさせていただきますのでぜひ！

PREP法と一点三例法の違い

PREP法→「時間があり、大きな目的を達成したい」場合
例：会議で新規プロジェクトを承認してもらう
例：商談で購入契約をしてもらう
一点三例法→「時間が短く、小さな目的を達成したい」場合
例：朝礼で安全のためシートベルト着用を促す
例：アポなし訪問した取引先で、自社セミナーに誘う

1つのことをさまざまな角度から話す

伝わるプレゼン
組み立てメソッド⑤

"普段使い"にも超便利!
最もシンプルな「KK法」

いかに短く伝えるか

　「エレベーター・ピッチ」という言葉を聞いたことがあるでしょうか。特に短い時間でプレゼンすることを「ピッチ」と言いますが、文字通りエレベーターに乗ってから降りるまでの短い時間でプレゼンする、という意味です。例えば、あなたがずっと温め続けていた企画を、偶然エレベーターに乗り合わせた社長へプレゼンできるチャンスがあるかもしれません。しかし社長はいつ降りるかわかりませんので、要点を短く伝える必要があります。

ムダを削ぎ落とそう

　「結論」＝伝えたいこと、「根拠」＝理由や情報、のたった２つで構成される「KK法」は、他と比べて最もシンプルです。「Ketsuron（結論）」「Konkyo（根拠）」の頭文字を取って「KK法」です。
　しかしシンプルゆえに、余計な内容や言葉を削ぎ落とさなければ、短い時間で聞き手に伝えることはできません。「えーと、あのー」などの口グセや、「……というわけでして、つまりそのー」といった回りくどい言い方も使わないようにしましょう。

日頃から意識して使うこと

　私のプレゼン講座の演習の１つに「内容を30秒以内に要約する」というものがあります。ここでわかりやすい人と、そうでない人の差がハッキリと出ます。当然、わかりやすい人は日頃からこれを意識して使っているのです。急にはできるようになりません。KK法はプレゼンやスピーチに限らず、上司への報告や会議での発言、メール、企画書作成でも活用できますので、日頃から意識して使いましょう。

結論は先に!

部下が上司に報告するひと幕

結論が「後」の場合

世界中でウイルスが……
ウイルスとはPCの……
我が社でも……
しかし対策は困難で……
やはり専門の……

結局、言いたいことはなんだ?

結論が「先」の場合

サーバーのウイルス対策が急務です。
今、世界中で……

すぐ専門業者に相談しよう!

POINT

結論を先に話すと、短時間でも伝わりやすくなる

 俳優とプレゼンター

 column 5

自己アピールで審査員の印象に残すには
100の中から3つに絞り込む

内容の詰め込みすぎは逆に伝わらない

　オーディションの面接で毎回俳優の頭を悩ませるのが、自己アピールです。というのも、わずか1分程度しか時間がないことが多いからです。面白いことに、新人ほどたくさんしゃべり、ベテランほど1つのことしか話しません。こんな特技があります、こんな実績もありますとアピールポイントを詰め込みすぎるより、私はズバリこんな人間です、と1つに絞ったほうが、審査員の記憶に残りやすいようです。

多ければよいというものではない

　こんな実験があります。コロンビア大学教授のシーナ・アイエンガーがスーパーでジャムの試食販売実験を行いました※。試食用ジャムを6種類と24種類用意し比較すると、購入に至った客は24種類よりも6種類のほうが約6倍も多かったのです。つまり選択肢は多ければよい、というものではないわけです。

　さて「試食」を「アピール」に置き換えてみましょう。多すぎると結局、1つひとつの印象がぼやけてしまい、記憶に残りません。

プレゼンは100の中から「3つ」に絞り込む

　プレゼンでも内容を考える際、あれも話そう、これも話しておこう、と与えられた時間に目いっぱい話そうとすると、同じことになります。ビジネスプレゼンではさすがに1分はないので、伝えたいことが100あれば、契約してもらう、承認してもらうなどの目的を達成するために本当に必要なことだけを、3つまでに絞り込みましょう。

※参考文献：『選択の科学』（シーナ・アイエンガー著、櫻井祐子訳、文藝春秋）より

第6章

やっぱり大事!
「スライド」「配布資料」
の作り方

プレゼンの良し悪しを決める「資料作成」。本章では、スライドと配布資料の「レイアウト」「図の扱い方」「プレゼンソフトの機能」などを中心に資料作りのノウハウを伝授!

33

誰が見てもわかる配布資料に
スライドは読ませず「見せる」!!

スライドと配布資料は役割が違う

　プレゼンの資料には、一般的に「スライド」と「配布資料」の2つがあります。よく見かけるのは、両者が全く同じという状態。ですが、これこそが伝わらない原因の1つです。**スライドは「見せながら話をする」ための資料、配布資料は詳細な情報などを「読んでもらう」ための資料です**。つまり、役割が全く違うので別々に作らなければなりません。

　「忙しいのに2回も同じ内容の資料を作るなんて無理！」という悲鳴が聞こえそうですが、大丈夫です。効率的に作る方法があります。

配布資料は読んでもらうもの

　まずは配布資料から作りましょう。ポイントは「プレゼンを聞いていない人でも内容を理解できること」です。

　これは配布資料の役割を考えるとよくわかります。プレゼンを聞いた人の上司が読んだり、机の上の資料を社長が手に取って読んだりするなどの「1人歩き」することが多々あるからです。すぐに契約につながるか、ゴミ箱行きになるかは配布資料の出来次第。なお、配布資料作りは重要なので次項でさらに解説します。

スライドは見せながら話すもの

　スライドには、配布資料の中から話のポイントやキーワード、重要なデータなどを抜き出して書きます。配布資料作成時点で頭の中が整理されていますから、仕事はサクサク進みますよ。

　ポイントは「文章を書かないこと」。聞き手は文章があるとどうしても読んでしまうからです。「読む」「話を聞く」が同時になってしまうと、話に集中できなくなるので注意しましょう。

スライドは話し手の補佐

やってはいけないプレゼン資料作り

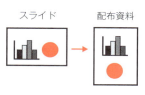

× スライドを配布資料にする
→配布資料としての情報が足りない
→聞き手がプレゼンターの話を聞かなくなる

× 配布資料をスライドにする
→字が多すぎてわかりづらい
→細かすぎて見えない
→最後まで読まないと理解できない

スライドと配布資料は役割が違う

スライド

配布資料

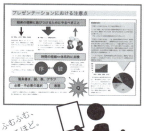

POINT

スライド＝見せながら話をする／配布資料＝読んでもらう

第6章 やっぱり大事！「スライド」「配布資料」の作り方

34

決裁者に伝わる配布資料を！
聞いていない人でも理解できるように作る

次のプレゼンの機会があるかは配布資料の内容次第

　繰り返し言うように、配布資料はプレゼンを聞いていなくてもわかるように作らなければいけません。商談や提案、コンペの場合、就職面接と同じで「ふるい」にかけなければならないので、聞き手を変えて複数回審議されるのが一般的です。例えば1回目は担当者が聞き、その上司にどんな内容だったか報告し、その内容次第でさらにその上の上司が聞く、という流れです。その報告で担当者が内容を100%伝えられるとは限りません。つまり、**話し手が変わっても、提案者の意図がしっかりと伝わる資料**でないと、配布資料としての役目を果たせないのです。

配布資料も組み立てが大切

　配布資料は基本的には1ページ目から順に読むものなので「どのような内容か」「なぜ必要か」「どんなメリットがあるか」など、5章のように組み立てて、理解できるようにしましょう。また巻末に補足資料として、スライドには細かすぎて掲載できなかった詳細な統計データや、参考資料などを載せるとより説得力が高まります。

読めばわかる資料とは一目瞭然である

　さて、基本的には1ページ目から順に読むもの、と書きましたが、忙しい経営者やせっかちな人などは、まず読む必要があるかを判断します。判断基準は「一目瞭然」かどうか。つまり、各ページ、一瞬で要点が理解できない作りはアウト。そして内容理解に時間がかかるのもアウト。即、ゴミ箱行きです。「見出し」「レイアウト」「ビジュアル化」のポイントを押さえて、読む気にさせる資料を作りましょう。

誰が見てもわかる資料

ダメなプレゼンの配布資料とは

☑ 文章ばかりで読みづらい
☑ 最初に結論が書かれていない
☑ 専門用語やカタカナ語を多用
☑ 誤字脱字が多い
☑ 情報の出所が抜けている

一目瞭然の資料作成のポイント

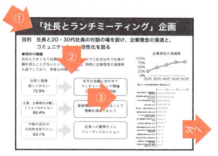

・見出し
　　内容がすぐ把握できるか
・レイアウト
　　上から下、左から右など、視線の流れを考えているか
・ビジュアル化
　　わかりやすくするためグラフや図解を使っているか

組み立てを考えて、「一目瞭然」の資料を作る

第6章　やっぱり大事！「スライド」「配布資料」の作り方

35

スライドの枚数は「適宜」!
ただし「1枚1分以上」かかる場合は分割

たいてい計算通りにはいかないもの

　プレゼン研修でよく「スライドは1分1枚で作ればいいのでしょうか?」と聞かれます。20分間の場合は20枚となりますが、これがなかなか計算通りにはいかないものです。例えば見出ししか書かれていない中表紙などは、10秒程度しかかかりません。一方で詳しく解説するスライドなどは、もっと時間がかかります。

　このように1枚にかかる時間は、内容量や話すスピードによって異なるので、1分1枚では計算できないのです。

枚数に決まりはない

　まずは枚数を気にせず作りましょう。完成したら練習して調整します。声を出して練習することで、各スライドにかかる時間が把握できます。それからスライドを増やしたり、減らしたりして時間内に収まるようにしましょう。この辺りは経験を積めばだいたい何枚くらいで収まりそうかわかってきますよ。

ただし1枚に1分以上かかるスライドは分割せよ

　書かれた内容について話すのに1分以上かかったスライドは、分割しましょう。同じスライドがずっと映っていると、聞き手は「まだこのスライドについて話すのか……」と飽きてきて集中力が落ちるからです。そこでよい方法があります。次ページの下図をご覧ください。スライド上には、3つの項目が描かれています。ここで、項目ごとにスライドを作成して3枚のスライドに分けるのです。こうすれば、視覚に「変化」という刺激を与えることができるので、聞き手を飽きさせずにすみます。

スライドにかかる時間とその枚数

スライドごとにかかる時間は大きく異なる

例1：中表紙
10秒程度しかかからない

例2：詳細
各項目について詳しく話せば、1分程度かかる

1枚に1分以上かかるスライドは分割せよ

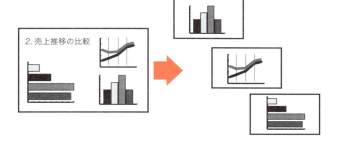

POINT

ひと通り作った後、練習して枚数を調整する

36

「絵コンテ」でスラスラ作成!
付せん紙を使うと、さらに効率的に

いきなりスライドを作り始めるから時間がかかる

　作成に時間がかかるのは、伝えたいことをどう表現すればよいのかというイメージが足りないから。そこで**手描きの「絵コンテ」から始めてみましょう**。絵コンテとは映画・テレビドラマの制作に際し、各カットの画面構成を絵で示し、全体の流れを把握するものです。デザイナーや建築家も手を動かしたほうが、脳が活性化されイメージが湧く、とよく言います。手描きによって頭の中にある言葉やイメージが視覚化され、よいイメージがどんどん湧いてきます。スライド作成にもこの手法を使えば効率的に作成できます。

要点を書き出し、視覚化しよう

　絵コンテを描くには、まず作成した配布資料からキーワードや要点を、スライドに見立てた枠の中に1つずつ書き出します。全部書き出せたら、今度は箇条書きや図解、写真やグラフのイメージを描き込んで、わかりやすく視覚化します。絵コンテはあくまでラフ案なので、あんまり丁寧に描く必要はありませんが、「後で見たら何を描いたのかわからん」というのも困りものです。最低限、自分で判読できるよう描きましょう。

絵コンテは付せん紙に描くとより便利

　絵コンテは描くものさえあればなんでもOK。不要書類の裏紙でも、ホワイトボードでも、タブレット端末でも大丈夫です。
　なかでもオススメは「大きい付せん紙」です。付せん紙1枚をスライドに見立てて描き、ノートやホワイトボードに貼っていきます。付せん紙を使うことで、全体の流れを把握でき、貼り直してスライドの順番を考えるのも簡単ですから、ぜひ一度試してみては。

絵コンテを使えば見やすい資料に

要点を書き出し、視覚化する

・要点を書き出す

> 「貼るマスク」企画案
> ・導入
> 　今年の花粉・PM2.5
> 　飛散状況
> ・市場概況
> 　花粉症患者の統計データ
> 　花粉対策マスクの売上データ
> ・課題（これまでの花粉対策マスクの課題）
> 　耳のヒモが痛い、すき間ができる、メガネが曇る

配布資料

・スライドに見立てた枠に当てはめる

| 「貼るマスク」企画案 | **今年の花粉**
PM2.5 飛散状況 | **市場概況**
花粉症患者の統計 |

・手描きで絵コンテを描く

 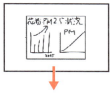 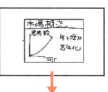

・スライド制作へ

絵コンテを描いてからスライドを作成する

37

良し悪しを決める「フォント」
意外と大きい？ 最低「36pt」以上

文字は聞き手が見える大きさに

　プレゼンでよく見かけるのが、スライドの文字が小さすぎて読めない、というものです。代表的なものが、貼りつけた地図の地名、表の中の数値、グラフ軸の文字や数字などです。文字が見えないスライドは聞き手にとってかなりのストレスになります。

　わかりやすいスライドにするためには、フォント※の大きさにも注意が必要です。配布資料であれば10〜12pt前後で十分ですが、商談でパソコン画面を相手に見せながら、スクリーンに映しながら、のプレゼンでは全く見えません。鉄則は**「聞き手が見える大きさに」**です。私の経験上、見やすさから言えば最低でも36pt、数百人入る会場なら最後列から見えるようさらに大きくする必要があります。

フォントの基本はゴシック体

　今のパソコンには標準で文字のフォントがたくさん入っています。ですから、つい毛筆体や行書体等を使ってみたくなりますが、多種多様なフォントが使われていると、統一感がなくなり見づらくなってしまうのでやめましょう。

　基本的には**「ゴシック体」**です。離れたところからでも見やすいので見出しにも本文にも使えます。**「明朝体」**は紙に印刷する場合は読みやすいのですが、投影されたスライドでは細くなり若干見にくくなります。使用する際はボールド(太文字)にして、大きめに設定しましょう。**「丸文字体」**は可愛らしいのですが、内容と印象が一致する場合のみ使いましょう。

※フォント（Font）：文字を画面で表示したり、印刷したりする時の統一された文字の形のこと。書体。

フォントの基本

フォントサイズ確認

下記のようなスライドを作成し、実際に映して確認しよう。
パソコン画面やスクリーンの大きさに関係なく「聞き手から見えるかどうか」が重要

```
10pt プレゼン
12pt プレゼン
24pt プレゼン
36pt プレゼン
48pt プレゼ
```

フォント選びの注意点

- ☑ 基本はゴシック体
- ☑ 役割ごとにフォントを決める
  ※会社によってはフォントが指定されている場合もある
- ☑ 使うフォントは2～3種類以内で
  ※多すぎると統一感がなくなる

見出し・タイトル	**ゴシック体**（ボールド）
本文	ゴシック体
強調・引用	**明朝体**（ボールド、大きめ）

フォントの大きさと種類はしっかり選ぼう！

第6章　やっぱり大事！「スライド」「配布資料」の作り方

38

1スライド3色までが大原則
"色のイメージ"をうまく利用しよう！

色には"いろいろな"意味がある

　信号機に使われている3色はどんな意味を持っていますか。赤は「停止」。黄は「停止、ただし安全に停止できない場合のみ進める」、青（緑）は「進める」です。赤は危険、黄は警告、青（緑）は安全というように、人が無意識に認識する色の意味を考えて使えば、プレゼンでも伝えたいメッセージがよりハッキリします。

使う色は3色まで

　基本は3色まで、と覚えておきましょう。色数が多すぎると聞き手の注意力が散漫になり、本当に注目してもらいたいところに目が行きません。そして「赤＝重要」「青＝競合の暗示」など必ず色に意味をもたせて使いますが、話の組み立てと同じく多すぎると意味がわからなくなります。やはり覚えやすい3色がベストです。
　ところで背景色の選び方ですが、「会場の明るさ」によって最適な色が異なります。詳しい選び方は次ページを参考にしてください。

使うべき色、使わないほうがよい色とは？

　使うべき色というのは商品のイメージカラーやコーポレートカラーです。 特に他社に商品や企画提案のプレゼンをする際、相手のコーポレートカラーを使うのはビジネスの常識です。
　逆に使わないほうがいい色というのは、自社や顧客の「競合会社」のコーポレートカラーです。間違ってもメインカラーにしないように。また、ある医療機器会社では「赤」は「血」を連想させるから使わないほうがよいなど、会社によってはルールがありますので注意しましょう（詳しくは118ページを参照）。

色の効果と選び方

色ごとのイメージ

赤	情熱・炎・危険・血・怒り
青	爽やか・若さ・冷静・水・冷たい
黄	明るさ・幸せ・注意・警告・レモン・ひまわり
緑	自然・落ち着き・平和・調和・植物・野菜
紫	伝統・権威・高貴・妖しさ・優雅・ナス・ぶどう
白	単純・清潔・純粋・神聖・包帯・病院・教会
黒	暗い・高級感・死・恐怖・悪・スーツ・カラス・夜

メインカラー
（商品イメージ色やコーポレートカラー）
塗り面積が大きく、全体を印象づける最も大事な色

サブカラー
（メインカラーの類似色
例：メイン赤、サブ茶）
箇条書きの項目や矢印の色などに使うと統一感が出る

背景＆文字色＝3色

アクセントカラー
（メインの反対色
例：暖色系なら寒色系）
キーワードや要点など、特に目立たせたい箇所に使用

背景＆文字色に関する注意点
背景色は会場が明るい場合は白色系、暗い場合は暗色系が見やすい。
文字色は背景色の逆。白なら黒、黒なら白。

POINT

伝えたい意味を考えて色を選ぼう

第6章 やっぱり大事！「スライド」「配布資料」の作り方

39

グラフは数値を可視化できる
「内訳」「シェア」は円グラフの特徴

わかりやすいビジネス資料には必ずグラフが入っている

　さて、ここからはプレゼンで有効な「図」の使い方を見ていきます。**図には、「グラフ」「表」「図解」の大きく３つの要素があり、用途によって使い分ける必要があるのです。**まず本節で取り上げる「グラフ」は「ひと目で内容がわかる」が特徴です。わかりやすい資料やスライドは必ず数値をグラフ化してあります。

各グラフの特徴と使い方

・<u>円グラフ</u>……売上の内訳や市場における自社製品のシェアなど、全体に対する各項目の割合を表すのに適している

・<u>棒グラフ</u>……「縦棒グラフ」は売上の伸びを示す、他社製品と性能を比べるなど、比較するのに適している。「横棒グラフ」はアンケート結果など順番に並べる時によく使われる

・<u>折れ線グラフ</u>……人口の伸び、新製品の販売台数の変化など推移を表すのに適している。推移をより強調したい場合「面グラフ」を用いる

・<u>散布図</u>……温度と重さの関係や国別の身長と体重の比較など、２つの項目の関係性を示すのに使う

グラフ作成時の要素は７つ、単位と出典明記が必要

　いずれのグラフを作成する場合も、共通する注意点があります。まずわかりやすくなければ意味がないので「データ要素は７個前後にすること」。これ以上は細かすぎて見えにくくなります。次に「単位：千円」のように「数値には単位をつけること」。もちろん「数値や単位は見える大きさにすること」です。それから信頼性を高めるため、「情報の出所を明記すること」も大切です。

グラフの種類ごとの性質を知ろう

表はグラフにすればひと目で内容がわかる

北海道	33%
愛知	25%
兵庫	18%
岡山	14%
福岡	7%
沖縄	3%

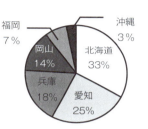

主なグラフの種類

円グラフ
内訳やシェア

縦棒グラフ
他との比較

横棒グラフ
順位、アンケート結果

折れ線グラフ
推移

面グラフ
推移をより強調

散布図
散布

内容などによって使い分けよう

40

情報を仕分ける役目は「表」
情報の過不足も見えてくる

情報を整理してわかりやすく

　表は文字情報や数値を「共通項目で仕分ける」場合に使います。例えば次ページ図のような布団クリーナーの低価格・高価格モデルの性能比較や、グラフの特徴と使用例など一覧で示す場合などです。長々と情報を羅列した文章では、知りたいことにすぐたどり着けません。これを仕分けて見せることで、聞き手はすぐに理解することができます。

重要項目を左上から順に配置する

　表を見る時の人の視線の流れは、基本的に「左から右」そして「上から下」です。最初に目にとまるのは表の「左上」となります。ここに最重要項目を置くようにしましょう。

　次ページ図の例1の場合、まず最初に、 モデル名 の項目に目が行き、 たたき 、 UV殺菌 と上下に比較しながら右に流れていきます。機能の比較が目的なので、 重量 や 価格 より先にきているのです。同じく例2で グラフの種類 の「円グラフ」が先にある理由は、使用頻度が高く、特徴などを知りたい聞き手が一番多いからです。使用頻度の低い「散布図」では聞き手の興味を引けません。このように、表で何を伝えたいのか、聞き手の興味は何かを考えて項目を並べましょう。

表作成時の注意点

　グラフと同じく、項目が多すぎると文字が小さくなって見えません。例えば47都道府県のデータを使う場合は、主要都市のデータだけスライドに表示し、全データは配布資料に書くなどの工夫をしましょう。項目名は表内の文字より大きめにし、背景色も変えておくこと。ひと目でわかりやすくなります。

表の視線の流れは「左→右」「上→下」

例1：布団クリーナーの性能比較

モデル名	たたき	UV殺菌	温風乾燥	重量	価格
低価格モデル	5,000回/分	○	×	1.26kg	19,800円
高価格モデル	7,000回/分	○	○	1.38kg	24,800円

例2：各グラフの特徴と使用例

グラフの種類		特徴	使用例
円グラフ		全体に対する割合を表す	売上の内訳、自社製品の市場シェア
棒グラフ	縦棒グラフ	比較する	売上の伸びを示す、他社製品と性能を比べる
	横棒グラフ	順位を示す	アンケート結果、ランキング
折れ線グラフ		推移を表す	人口の伸び、新製品の販売台数の変化
面グラフ		推移を強調して表す	
散布図		2つの項目の関係性を示す	温度と重さの関係、国別の身長と体重の比較

POINT 重要項目は左上に

41

図解の知識と作り方
流れや全体像を視覚的に示すこと

すべての文章は図解できる

　図解とは文章を図にすることです。その効果は絶大で、ひと目で流れや関係性、つながりが理解できます。例えば「まずA地点から出発し、B地点を経由、C地点に到着します」という文章も、次ページのように「A地点→B地点→C地点」と図解すれば、理解にかかる時間は文章を読むよりはるかに早いのです。読む時間が減れば、話を聞いてもらえる時間が長くなります。プレゼンターの役割はより詳しく話すことです。図解ができれば、スライドは大変優秀なサポーターになりますよ。

図解の基本パターンを覚えておこう

　文章を図にするのはなかなか時間がかかります。そこで次ページの図解の基本4パターンを覚えておけば、あらゆることに応用できます。またPowerPointには代表的な図解のひな形がセットになった「SmartArt」という図解機能がありますので、ぜひ使ってみてください。自分の図解イメージと合うものがあれば、非常に作成時間の短縮になりますよ。

図解する時の注意点

　図解で注意したいことは、グラフや表と同じく**「シンプルに図解すること」**。項目が多くなるとゴチャっとして何のための図解かわかりません。
　次に**「視線の流れを意識する**こと」。基本的に横書きの資料は視線が上から下、左から右に動きます。この流れに逆らうとわかりづらくなるので注意しましょう。そして**「背景色と文字色のコントラストに注意」**しましょう。例えば赤い背景にピンク色の文字を乗せると同系色なので見づらくなります。パソコン画面では見えても、プロジェクターで映すとぼやけてしまうので注意しましょう。

> 文章では伝えきれない内容を

すべての文章は図解できる

まず、A 地点から出発し、B 地点を経由します。そして、C 地点に到着します。

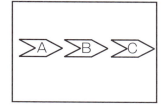

図解の基本 4 パターン

流れを表す

流れや手順を表す。基本は左から右

循環

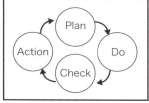

流れの繰り返しを表す。基本は時計回り

階層構造

組織など各項目のつながりを表す

集合

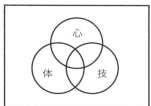

各項目の関連性を示す

要点を書いた図形を矢印・線でつなぐ、合わせる

42

音声やビデオを流すには？
ファイルをスライドに挿入するだけ

プレゼンで音声や動画を簡単に使える

　スライド作成ソフトの特徴の1つは、音声や動画を簡単に使えるようになったことです。これは紙の資料ではできない表現力です。例えば「毎分2,000個の仕分けロボットを導入」という文字と写真より、実際に工場で猛烈なスピードで稼働している様子を**動画で見せたほうがインパクトがあります**。使い方は音声や動画ファイルをスライド作成ソフトの「挿入」メニューから選ぶ、または、ファイルを直接スライドにドラッグ＆ドロップするだけです。パソコン上で再生できるファイルなら、たいてい使えますよ。

再生時間が長すぎるのはNG

　再生時間が5分間もあったらどう思いますか。めちゃくちゃ面白い内容でない限り、ほとんどの聞き手が途中で飽きます。

　実際に某ソフトウエア会社が、製品セミナーでデモの動画を流したのですが、どうも社内で作ったビデオのようで、ナレーションは棒読みだし、肝心の操作画面は見にくいし、そして長いしで、私は気がついたら寝てました……Zzz。

　集中して聞いてもらうためには、再生箇所は最も必要な部分だけにし、時間は1分間程度にしましょう。

大きさと音量が小さければ効果半減

　もう1つ注意しなければならないのは、動画の大きさと音量です。動画を使う場合は全画面表示が基本です。また音量も重要です。特にノートPCのスピーカーではボリュームを最大にしても最後列まで聞こえません。音声や動画を使う際は、必ず外づけスピーカーにつなげましょう。

動画や音声の活用方法

どんな動画や音声の使い方が効果的？

・冒頭に会社紹介や商品のプロモーションビデオを流す
・プレゼン中盤の聞き手の集中力が落ちてきた頃に流す
・工場での作業手順を動画で説明する

動画・音声を使う時の注意点

☑ 再生時間は30秒以内に
→長すぎると飽きる。もう少し見たいと思うくらいがちょうどいい

☑ 必ず本番と同じ環境で再生できるか確認する
→ネットにつながっていないと再生できないなどの事態を避ける

☑ 全画面で再生する
→小さいと最後列まで見えない

☑ 外部スピーカーにつなげる
→パソコン本体の内蔵スピーカーでは聞こえない

再生時間は短く、動画の大きさと音量は大きく

第6章 やっぱり大事！「スライド」「配布資料」の作り方

43

効果絶大「アニメーション」
話に合わせて内容を表示するために使う

アニメーションの使いすぎは逆効果！

　スライド作成ソフトには「アニメーション」という機能があります。文字や図形、グラフなど**「パーツ表示・消去・移動」する効果**、もう1つは次のスライドを表示する時の**「画面切り替え」の効果**です。スライドに動きが加わると、聞き手を引きつけることができますが、1スライドに何個も使いすぎると、動きばかりが目立ち、肝心の内容がわかりにくくなる、ということになってしまいます。

　実際に、あるメーカーの人事の方と研修の打ち合わせをしている時に、こんな嘆きを聞きました。「採用内定者に『社会人になってやりたいこと』というテーマでプレゼンをさせたら、アニメーションだらけ。派手なだけで、肝心の中身は薄っぺらくて困った」と。

アニメーションの効果的な使い方とは？

　アニメーションは「話に合わせて内容を表示するため」に使います。例えば箇条書きは、アニメーションを使わないと最初からすべて表示されているので、聞き手はあなたが、今話しているところ以外を見る可能性があります。しかし話に合わせて項目を1つずつ表示すれば、聞き手はそこだけに集中してくれます。他にもテーマが変わる時に画面切り替え効果を使えば、聞き手に内容の変化を伝えることができます。

派手な効果は逆効果。シンプルに行こう

　アニメーションにはただ表示するだけの地味なものから、回転しながら現れる派手なものまでさまざまですが、プレゼンではシンプルなもので十分です。多少遊ぶのは構いませんが、動きが派手すぎて、うるさくなることだけは避けましょう。

アニメーションの使い方

話す内容に合わせて、箇条書きを1つずつ表示

新製品の特徴	・アニメーションなし
1. 軽量化 2. 新素材採用 3. コストダウン	（一度にすべて表示）

・アニメーションあり

新製品の特徴
1. 軽量化

「1つ目は……」

新製品の特徴
1. 軽量化
2. 新素材採用

「2つ目は……」

ビジネスプレゼン向けのシンプルなアニメーションはこれ！

ワイプ	フェード	ムーブ	拡大
・上下左右から表示させる ・文字を読ませたい時に	・徐々に出現させる ・図形などを表示させる時に	・文字など画面外から出現させる ・インパクトを出したい時に	・文字や図形を拡大させる ・注目させたい時に

POINT

ここというポイントにだけ使う

44

資料作成にもルールがある
作成時には「会社規定」を確認しよう

資料にも作成規定がある

　次ページ図に挙げたようにプレゼンソフトにはその種類や機能が多くあります。しかし、大企業や外資系企業では、社内・社外向け資料作成時に守らなければならない規定が存在することをご存じでしょうか。

・ロゴの取り扱いには注意！
　作成規定の中でも特に厳しいのは、会社や商品名などのロゴです。色の指定はもちろん、縦横比率、ロゴ周囲の余白、背景色との組み合わせなど、さまざまなガイドラインが設けられています。会社やブランドイメージを左右する重要なものなので、特に他社に提案するプレゼンで使用する場合、勝手にアレンジしたり、変更したりしてはいけません。

・ロゴの位置やフォントも指定されている
　部門やグループ会社が多い場合は、資料の統一感をはかるため、ロゴの位置やフォントが指定されている場合が多いです。
　例えば、ロゴは右上、日本語フォントはMSゴシック、英語フォントはArial※などと決められています。

・アニメーション禁止、PowerPoint禁止の会社も？
　アニメーションは一切禁止、という会社もあります。派手な効果ばかり見せられてうんざりしたのでしょう。さらに、Facebook、Amazonなどの会社の社内プレゼンでは、PowePoint自体を禁止しているようです。ひどい（？）スライドばかり作っていると、あなたの会社もいずれこうなるかも……。

※Arial：欧文用のフォント。読み方は「アリアル」「エアリアル」「エィリアル」など

プレゼンソフトのいろいろ

スライド作成ソフトの種類

ソフト	各ソフトの特徴	Windows	Mac	Linux
Microsoft PowerPoint	ビジネスの定番。機能多彩。企画書もこれで作られることが多い。略称パワポ	○	○	
Apple Keynote	プレゼンに特化したシンプルなソフト。フォントやアニメーションが美しい。パワポファイルも読み書き可能。		○	
KINGSOFT Presentation	PowerPointと画面の見た目や操作性など、高い互換性を持つ。	○	○	○
Google Drive Slides	無料。オンライン上での共同作業に便利。要Gmailアカウント。	○		
Prezi Prezi	基本無料。画面が切り替わる動きが面白い。編集作業に慣れるまでが少し大変。	○	○	○

プレゼン作成ソフトでできる基本的なこと

文字　　図形　　写真・イラスト

グラフ　　表　　手書き

アニメ効果　　動画　　音声

POINT
▼
表現は自由、ただし機能の使いすぎに注意

第6章 やっぱり大事！「スライド」「配布資料」の作り方

どうやって膨大なセリフを覚える?
ひたすら声に出して読むしかない

な、長い……長すぎる……

滑舌のトレーニングでよく使われるのに「外郎売※(ういろううり)」というものがあります。文字数は約1,800文字、400字詰め原稿用紙で4枚ちょっとです。新人はこれを覚えることから始まります。

正直言って、長いです。そして滑舌のトレーニングに使われているだけあって、言いにくいことこの上ない。

例:お茶立(ちゃた)ちょ、茶立(ちゃた)ちょ、ちゃっと立ちょ、茶立(ちゃた)ちょ、青竹茶筅(あおだけちゃせん)でお茶ちゃっと立ちゃ

しかし、覚えなくてはならぬ

テレビ番組で「どうやって覚えるんですか?」と質問された俳優が「ひたすら声に出して読む」と答えていました。部屋の中で読む、公園を散歩しながら読む、お風呂で読むという人もいます。私も演出家から「台本は声に出して最低100回読め」と教えられました。実際そこまでしないと、例えば、2時間ものの脚本は頭に入りません。また、自分の役のセリフだけ覚えると思われがちですが、実際はすべて、とはいかないまでも、自分と関わる相手役のセリフもある程度覚えます。そうしないと自分のセリフを言うタイミングがわかりませんからね。

だから、プレゼンも声を出して練習するのが一番!

プレゼンの内容を頭に入れようと思ったら、やはり声に出して練習するのが一番です。さらに俳優と違って多少言い間違えても、意味が通じればいいのですから、細かい言い回しは多少変わっても大丈夫。

プレゼンでいつも言葉に詰まるなぁ、とお悩みの方、ぜひ試してみてください。

※外郎売:歌舞伎の演目の1つ。
その劇中の長ゼリフが滑舌の教材としてよく使われている

第7章
成功のキモとなる「準備」と「練習」

ココまで読み進めた読者は、さまざまなテクニックが身についたことだろう。本章では、学んだ知識、技術で、プレゼンを成功させるための、準備と練習方法について紹介していく。

45

プレゼンの準備の順番
1.目的→2.内容→3.資料→4.機材→5.練習

スライド作成から取りかかってはいけない

　初めてプレゼンをすることになった人が、まず悩んでしまうのが「何から準備すればよいのか」ということです。

　手を動かさないことには何も始まりませんから、私のプレゼン研修では最初に「何から始めますか？」と聞くことにしています。そこで返ってくる答えの多くは、「ひとまず、内容を大まかに考えたら、すぐにスライドに作りに取りかかる」というものでした。**しかし目的や内容がしっかり固まっていない状態で、スライドなどの資料作成を始めると、試行錯誤したり行き詰まったりして、結局、時間がかかるばかり**です。

プレゼン準備の5つのステップ

　プレゼンの準備でまず考えるのは、「目的」です。プレゼンの目的は、「聞き手を動かすこと」でした。つまり「誰に・何を・どうしてもらいたいか」を見定めるです。商談なら「取引先に・商品を・購入してもらう」、企画会議なら「部長に・企画を・承認してもらう」です。ここをはっきりさせないと「何を言いたいのかわからない」と言われてしまいます。次に「内容」です。聞き手に何を話せば、して欲しいことをしてくれるか、という視点で常に考えましょう。

　目的と内容が固まったところで「資料」を作ります。資料には主に「スライド」「配布資料」「プレゼンメモ」があります。スライドを使う場合は、パソコンやプロジェクターなどの必要な「機材」を準備します。また当日、忘れ物をしないようリストも作っておきましょう。最後に最も重要な準備である「練習」をしなければなりません。これを怠ると、いくらキレイな資料や最新機材を準備したところで、間違いなく失敗します。しっかりと練習しましょう。

プレゼン準備　5つのステップ

本番！

⑤ 練習

④ 機材　パソコン、タブレット、プロジェクター、スクリーン、リモコン

③ 資料　一般的な資料：スライド、配布資料（第6章）、プレゼンメモ（132ページ）

② 内容　目的達成のために何を話すか？
どうすれば聞き手が望む行動をしてくれるか？
聞き手の立場で考える

① 目的　プレゼンの目的は、「聞き手を動かす」こと
例：購入、採用、承認、契約、資料請求、個別相談など

目的と内容が先、資料作りは後。

第7章　成功のキモとなる「準備」と「練習」

46

スライドに必要な機材
パソコンと電源一式はセットで！

「ノートPC　電池尽きれば　ただの板」

　まずパソコンですが、持ち運びを考えると普段業務で使い慣れているノートPCが便利です。会場で用意してあるとしても、いざという時のバックアップのために持って行くとよいでしょう。特に、電源一式は忘れないように。私も準備でバタバタしていて、うっかり忘れたことがありますが、そういう時に限って電池がほとんどない、というさらなる追い打ちを食らうものです。ちなみにこの時はたまたま同じ機種を使っている出席者がいたので、借りて乗り切ることができました（しかし焦った焦った……）。電池がなくなればノートPCは「ただの板」ですから、くれぐれも忘れないように。

　板と言えば、最近はタブレット端末やスマホでも簡単にプロジェクターにつないでプレゼンできます。ノートPC以上に持ち運びが便利なので、私は予備機として活用していますよ。

ケーブルの主流は「HDMI」

　プロジェクターや大型液晶ディスプレイは、たいてい、会議室や会場に設置されていることが多いです。それらを接続するケーブルの主流は「VGA」ですが、最近では、パソコンとモニター、テレビとHDDレコーダーなどの接続に使われる**「HDMI」が普及してきています**。注意点は古い会議室などのプロジェクターはVGAであるのに対して、最近の薄型ノートパソコンにはHDMIしかない場合があります。その場合は変換ケーブルが必要になるので、パソコン持参の場合は、事前に確認しておきましょう。そしてプロジェクターを使う場合はスクリーンが必要ですが、会議室などではホワイトボードに映しても大丈夫です。ただし、その際はボードをキレイに拭いておくことをお忘れなく。

機材の準備

パソコン

ノートPC

タブレット

小型PC

スティックPC

液晶テレビなどの「HDMI端子」に指して使える

プロジェクタ、大型液晶ディスプレイ

持参

会場設置

大型液晶ディスプレイ

POINT

機材トラブルは焦りのもと！　しっかり準備しよう

47

ノートPC選びの3ポイント
どれを選んでも同じなの?

> ノートＰＣ選び　3つのポイント

　業務でパソコンは使っているけれど、プレゼンでは使ったことがない、という方からよく「どんなノートＰＣを選べばいいでしょうか」と質問されます。メーカーによってデザインや内蔵ソフトの種類などで違いはありますが、基本的にはどれを選んでも十分にプレゼンで使えます。ポイントは**「持ち運びやすさ」「スライド作成ソフトの有無」「映像出力端子の種類」**の3つです。

1.持ち運びやすさ

　ビジネスであれば、相手先に行ってプレゼンすることも多いので、あまり大きくて重いと持ち運びに苦労します。1kgを切るものだとカバンにも入りやすいし、ラクですよ。

2.スライド作成ソフトの有無

　Windows は「PowerPoint」「KINGSOFT Office」などのスライド作成ソフトが最初から入っているものと、入っていないものがあります。購入時によく確認しましょう。ない場合は後から購入することも可能ですが、初心者は最初から入っているものを選んだほうがラクです。Mac は「Keynote」というソフトを無料でダウンロードできます[※]。

3.映像出力端子の種類

　よく使うプロジェクターに合ったものか、事前に確認しておいてください。一般的に「VGA」か「HDMI」と呼ばれる端子がついていれば、まず間違いありません。

※注：2013年10月1日以降に購入された、条件を満たすMacコンピュータが対象

パソコンを選ぶポイント

ノートPC選びチェックポイント！

- ☑ 重量：1kg以下で持ち運びやすい軽量タイプを
- ☑ 画面の大きさ：11〜14インチ
- ☑ キーボードの打ちやすさ
  配列(カーソルキーの位置など)、間隔、キーの沈み込み具合など。個人の好みで選んでOK
- ☑ マウスパッドの感触
- ☑ バッテリー駆動時間：4時間以上
- ☑ ハードディスク(HDD)の容量：500GB以上
- ☑ SSDなら128GB　ただし価格はHDDより高くなる
- ☑ スライド作成ソフトが入っているか(PowerPoint等)
  後からソフトを買うことも可。
- ☑ プロジェクターとつなぐための出力端子の確認
- ☑ 動画がスムーズに再生できるか

プレゼンでよく見かける機種とユーザー評価

メーカー	製品名	ユーザー評価
Apple	MacBook Air	薄い・軽い・かっこいい
Panasonic	Let's note	頑丈で軽い、長時間駆動
Lenovo	ThinkPad	トラックポイントが便利

注）あくまで個人の使用感です

POINT
必ず実物を触って選ぼう

第7章　成功のキモとなる「準備」と「練習」

48

「フタつき・常温・水」が鉄則
では、NGな飲み物は?

緊張して喉が渇く場合に備える

　プレゼンなどで緊張すると肩に力が入りますよね。実はそれが原因で喉まで締めつけられて、声が出にくくなります。さらに、一生懸命になって無理やり話し続けていると、こんどは喉が渇いて声が引っかかる感じがしたり、場合によってはかすれてきたりします。飲み物を飲んではいけない、という決まりはないので、喉がよく渇いてしゃべりにくい、という人は**飲み物を準備しましょう**。ただし、いくつか注意点があります。

1.フタつきであること

　倒してこぼしてしまうと大変です。絶対に紙コップはダメです。「いやいや、倒すなんて絶対にしない」と思っていても、人間、緊張していると何をしでかすかわかりません。リスクは減らすに限ります。必ずペットボトルなど、フタつきのものを準備しましょう。もちろん、飲んだら閉めるのを忘れずに。

2.常温であること

　夏の暑い時は冷たい飲み物がほしいところですが、実は喉を冷やすと声帯が縮んで余計に声が出にくくなります。私は、ある講演会で氷たっぷりの冷水を飲みながら90分間話し続けたら、翌日、声がガラガラになってしまいました。喉に負担がかかるので、必ず常温にしましょう。

3.水であること

　コーヒーや緑茶、紅茶、柑橘系のジュースは利尿作用があります。お手洗いが近くなりますのでやめましょう。また、炭酸飲料はゲップが出やすくなるので、これも控えましょう。

NGな飲み物とマナー

他にもこんな飲み物は NG！

- ☑ 2リットル（飲み過ぎ）
- ☑ 臭いが強烈（あなたが好きな飲み物でも聞き手には苦痛）
- ☑ アルコール（論外）
- ☑ ライバルメーカーの飲料（あなたが飲料業界の場合）

飲む時のマナー

・ゴクゴク飲まない
　　ひと口ふた口で十分。目的は喉を潤し、声を出やすくすること

・手に持ちっぱなしはダメ
　　飲み終わったら、必ずフタを閉めてもとの場所に戻す

・最初に断っておくと好印象（できればユーモアを交えて）

> 私はプレゼンのようにものすごく緊張する場面では、1分間に1リットルもの汗をかいてしまいます。
> 今日は20分間です。確実に干からびてしまいますから、水分補給しながらお話しさせていただきたいと思います。

喉を潤し、声を出しやすくするために飲む

第7章　成功のキモとなる「準備」と「練習」

49

20人以上なら「マイク」を！
アナタが思っているほど声は届きません

会場と声の聞こえ方の関係

　リハーサルで誰もいない会場でしゃべってみたら、案外声が響いてよく聞こえるのでマイクなしで大丈夫かも、と思う場合があります。ところが、いざ人が入ると声が聞き手の体や服に吸収され、最後列では声が聞こえにくくなることがよくあります。

　また、会場の広さによっても、声の届き方が変わります。声は会場が縦に長い場合は後ろの席に、横に広い場合は左右の席に、届きにくくなります。声の大きさや、会場の広さや形、天井の高さにもよりますが、目安としては20人以上になればマイクを使ったほうがよいでしょう。

声の大きさに自信あり！？

　なかには、「声楽部だったので声の大きさには自信があります！」という方もいます。しかし、声を張り上げたプレゼンは逆に聞きにくいものです。**プレゼンでは、自然な会話程度の声が最も聞きやすいので、**その美声を披露するのは、またの機会にとっておきましょう。あくまで聞き手が声を聞きやすいことが最優先ですよ。

「後ろの人、聞こえてますかー？」

　講演会など聞き手が大勢の場合、「後ろの方、聞こえてますかー？」と、確認する講師がいますが、実は、本当は聞こえているかを確認しているわけではない、というのを知ってました？　これは演壇から距離が遠い人にも「参加意識を持ってもらうため」のパフォーマンス。これだけで一気に心の距離が縮まります。しかしビジネスプレゼンでこれをやって聞こえにくいと言われたら、音量調節に時間を取られ、スムーズにできません。事前に最後列まで聞こえるか確認しておくのが常識です。

マイクを使うかの判断と、マイクの種類

会場でのチェックポイント
- ☑ 後ろの人まで聞こえるか？
- ☑ 左右の人まで聞こえるか？

プレゼンに向いているマイクの種類
・ピンマイク
・小型ヘッドセットマイク

必ず守ろう！　マイク使用時の注意点
- ☑ テストでポンポン叩かない→音響機器故障の原因に
- ☑ マイクをスピーカーに近づけない
    →ハウリング※が起きる
- ☑ 使わない時はスイッチを切る→電池節約

※ハウリング：スピーカーなどが「キー！」と鳴る現象

POINT
▼
聞き手全員にあなたの声が聞こえるようにしよう

50

プレゼンメモで乗り切る
大きな文字で・要点だけを・キーワードで

恐怖！ 頭が真っ白になって思い出せない！

　誰でも、人前に立つと緊張して頭が真っ白になり、話す内容を全く思い出せなくなることがあります。何百回と人前で話している私でさえ、時々真っ白になることがありますから、内容を忘れることは普通のことだと開き直りましょう。

　それより「真っ白になってしまった時どうするか」が問題です。対処方法さえ身につけておけば、いざ真っ白になった時でも慌てなくて済みます。その最善策は「プレゼンメモ」を準備しておくことです。

大きな文字で書く

　プレゼンメモを準備するにあたり、いくつか注意点があります。

　頭に入れておきたいのは「慌てている時に読むためのもの」ということ。「大きな文字で書く」のがミソです。

　10〜12pt 程度の大きさの文字は、普通の精神状態なら読めますが、真っ白になって慌てている非常時には、なかなか文字が目に入ってきません。そこでパッと見てサッとわかるように、16pt 以上の大きな文字でメモを作成しましょう（フォントサイズについては104ページ）。

要点やキーワードだけを書く

　プレゼンメモは、絶対に一言一句、話す内容を文章で書いてはいけません。なぜなら、すぐに忘れた箇所を探せないからです。さらに探している間、シーンとした沈黙に耐えられず、余計に焦ってしまいます。メモには必ず要点やキーワードだけを箇条書きで書きましょう。ちゃんと練習していれば、キーワードなどを見るだけで十分内容を思い出せるはずです。

「プレゼンメモ」の一例

良いメモ、悪いメモの例

良いメモ　　　❌ 悪いメモ

1. プレゼンとは 　説明や発表との違い 　目的は何か 2. 準備と練習が大切 　何を準備するか 　…… 14：30 終了　時間厳守！	一般社団法人　日本プレゼンテーション教育協会の代表理事の西原です。本日はご多忙のところ、お集まりいただきまして、まことにありがとうございます。今日はビジネススキルの中でも、特に重要なプレゼンテーションについてお話ししたいと思います。まず、そもそもプレゼンテーションとは何をすることか、ということですが、皆さんはどのように考えていますでしょうか。営業の方なら商談、技術の方なら説明……

プレゼンメモ作成のポイント

- ☑ 16pt 以上の大きな文字で
- ☑ 要点やキーワードだけ
- ☑ 箇条書き
- ☑ Ａ４用紙１枚に収める
- ☑ 終了時間を明記

POINT
▼
メモは「大きく・見やすく・すぐわかる」ように書く

第7章　成功のキモとなる「準備」と「練習」

51

「想定問答集」の準備
周りの人の知恵を借りながら作ろう!

まずは矛盾や説明不足をなくす

　質疑応答で鋭い質問をされ、答えに窮してプレゼンが台無しになる……というお悩みをよく聞きます。特に矛盾や説明不足などを鋭く突かれては、誰しもが慌ててしまうものです。

　そこでまずは矛盾や説明不足をなくすことが肝心。自分で見直したり、上司に客観的に見てもらったりしましょう。すると「この販促案は、昨年と何が違うのかわからない」といった説明不足が見つかります。特に矛盾点なども自分１人ではなかなか気づきません。**上司や先輩などの周囲の知恵も借りながら、徹底的に直していきましょう。**

「想定問答集」を作成して準備する

　次に、プレゼンで聞かれそうな質問を想定し、それに対する回答を準備しておきます。ここで想定する質問とは「否定的な質問」です。次ページの下図に挙げているシチュエーションのように、「『デジタル』と言うが、そもそもタブレット操作は難しいのでは？」といったものです。

　それに対する回答は「大丈夫です。第２工場でテスト済みです」など、結論だけの簡潔な回答を用意しましょう。長々と答えるより、短くスパッと答えたほうが説得力が圧倒的に違います。

今すぐ答えられない質問の場合は「保留」せよ

　いくら準備していても、資料に書いていない、価格など確認しないとわからないもののように、その場ではどうしても答えられない質問も出てきます。慌てて憶測で回答してしまうと、プレゼン内容と矛盾したり、正しい答えとかけ離れていたりと、信用をなくす原因になります。その場合は無理やり答えようとせず、保留しましょう（詳しくは154ページ）。

質疑応答の準備

矛盾や説明不足をなくす

1. 内容を 5W2H に分解
2. 矛盾や説明不足がないか確認
3. スライド一覧表示で全体を俯瞰。
4. 全体の内容がつながっているか？
   話が急に飛んでいないか確認

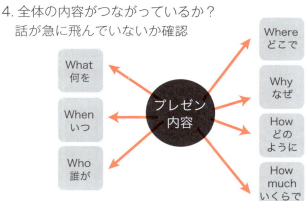

想定問答集の例

〈シチュエーション〉タブレット在庫管理システムの説明
質問「そもそもタブレット操作は難しいのでは？」
回答「大丈夫です。第2工場で試験導入したところ、
　　　社員・アルバイト・パートを問わず、
　　　全員が簡単に使えました」

質疑応答は準備しておけば恐れることはない

52

練習は3つの動作を繰り返す
声に出す・時間を計る・分割して練習する

どうやって練習するのが効果的か

私は他の項目でことあるごとに「練習が大切」「練習しよう」「練習！」と書いてきましたが、現代のビジネスパーソンは他の業務もあるので忙しいわけです。正直言ってプレゼンの練習をする時間はなかなか取れません。かといって、ぶっつけ本番ではうまくいきません。そこで、**短い時間で効果的に練習するポイント**をご紹介しましょう。

1.声に出して練習する

画面の前で作ったスライドを眺めながら、頭の中で話すことを考えるだけでは練習としては不十分です。まず内容を頭に入れるためには、声に出して練習するのが一番。空いている会議室など声を出しても業務の邪魔にならないところで練習しましょう。可能な限り本番に近い環境で行うのが理想です。大体内容が頭に入ったら、緩急・強調・間などの伝え方を意識して練習しましょう。

2.時間を計りながら練習する

もう1つ大切なのが時間感覚を養うことです。プレゼンで絶対にやってはいけない「時間オーバー」を防ぐためにも、ストップウォッチなどで時間を計りながら練習するようにしてください。

3.分割して練習する

プレゼンを最初から最後まで通して練習しようと思っても、なかなかまとまった時間が取れません。その場合は分割して練習します。例えば30分間であれば、10分ずつ3分割すれば練習時間も確保しやすくなります。そうすれば本番前に1回通して練習するだけで効果があるのです。

練習方法

声に出して練習する
スライドを使いながら、
声に出して練習しよう

時間を計りながら練習する
この内容量で時間内に収まるか
どのスライドに、どのくらい時間
がかかるかを把握する

分割して練習する
30分間 ＝ 10分 × 3分割
ただし本番前には通して練習せよ

目標練習回数は「5回」！
1回目　時間内に収まるか確認（メモを見ながらでOK）
2回目　メモに頼らず、どのくらい内容が頭に入っているか確認
3回目　話の組み立てなど違和感を感じる箇所を確認・修正
4回目　緩急や要点やキーワードなどの強調・間を意識して練習
5回目　多少ひっかかっても本番だと思って止めずに練習

練習とは本番と同じようにすることである

53

進行表があればオーバーしない
1分前に終わる進行を考える

計画なくして成功なし

　プレゼンの内容を考えていると、必ず「果たしてこの内容量を〜分以内で話せるだろうか？」という疑問が湧いてきます。
　時間感覚はプレゼン経験を積むと、だいたいつかめるようになりますが、経験が少ないうちはなかなかつかめません。最初から最後まで何度も練習して、時間内に収められるようにするのもいいですが、それだとけっこうな時間がかかってしまいます。そこで「プレゼン進行表」を作るのがオススメです。

「プレゼン進行表」を作って練習しよう

　次ページのように進行表を作って、**プレゼン内容の大まかな内容を書いていきます。ポイントは「時間」を書くこと**です。これは経過時間でも、時刻でも構いません。慣れないうちは1分間にどのくらい話せるかつかみにくいですが、とりあえず話す項目を均等に振り分けてみましょう。もちろん、紙で書いただけでは机上の空論ですから、これをもとに練習して調整します。すると、時間がかかる項目などがわかりますので、分割したり削ったりして、時間内に収まるように調整しましょう。

1分前には話し終えるように計画しよう

　しかし、計画通りには行かないのが世の定め。途中で脱線したりして時間が足りなくなる場合が多いです。そこで余裕を持って1分前には話し終えるように進行表を作成しましょう。それでも本番で時間オーバーしそうな場合は「終了3分前でスライド残10枚」を目安に対処しましょう（対処方法は152ページ）。

プレゼン進行表の作成例

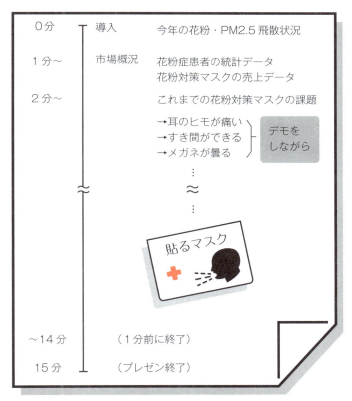

シチュエーション「『貼るマスク』の提案」；15分間

- 0分 / 導入 / 今年の花粉・PM2.5飛散状況
- 1分～ / 市場概況 / 花粉症患者の統計データ／花粉対策マスクの売上データ
- 2分～ / これまでの花粉対策マスクの課題
  - →耳のヒモが痛い
  - →すき間ができる
  - →メガネが曇る
  - デモをしながら
- ～14分 （1分前に終了）
- 15分 （プレゼン終了）

※時間表記は「経過時間」以外に「時刻」も可
例：AM11:00開始、AM11:15終了

POINT

話を組み立てるのと同時に、時間も意識せよ

54

カチコチの体を解く!
口の運動と体のストレッチで緊張をほぐそう

緊張するのは望ましい状態、余裕を感じるのは悪い状態

　緊張することは悪いことだと思われがちですが、実は気分が張り詰めて緩みのない好ましい状態なのです。逆に緊張していないのは気分が緩んでいる状態なので、とんでもないミスをする可能性があります。実際に私も「なんだかわからないが今日は余裕だ！」とリラックスしていたら、直前で忘れ物を思い出し一気に余裕が吹っ飛んでしまったという事態がありました。よくわからない余裕は失敗のもと。気をつけましょう。

滑舌をよくするための口の体操

　とはいえ、**緊張すると体が硬くなりますので、直前にウォーミングアップすることをオススメします。**まずは「口の運動」から。最も簡単なのが「ガムを噛む」です。移動中の電車の中などで噛めば、口の周りの筋肉がほぐれます。好きなフレーバーならリラックス効果もありますよ。

　次の運動は、日本語で重要な「母音：あいうえお」を発声することです。少し順番を変えて「い・え・あ・お・う」と口を大きく開けて繰り返し練習すると、滑舌がよくなります。声を出せない環境の場合は、トイレの個室に入り、黙って口の体操をするだけで効果的です。

緊張をほぐすための体のストレッチ

　口と同じく体もしっかり動かすと、さらに緊張がほぐれてきます。そこで本番前の１分間、背伸びの運動や、肩回し、屈伸などのストレッチをしましょう。頭から首、肩など上から順番に動かす場所を決めて、自分なりのメニューを作ってみてください。

緊張しないために……

本番でめちゃくちゃ緊張しないための5か条

1. しっかり練習する
2. 必要なものはリストを作って忘れないよう確認する
3. 前日の適量のお酒はOK（ほどほどに）。そしてよく寝る
4. 本番前は食べすぎない、飲みすぎない
5. 「必ず成功する！」と自分に言い聞かせる

本番前のウォーミングアップ

1. 「い・え・あ・お・う」と口を大きく開けて10回
2. 首回し（時計回し×3回、反時計回し×3回）
3. 肩回し（前回し×5回、後回し×5回）
4. 背伸び（3回）
5. 屈伸（5回）

イチロー選手のように、
気持ちが落ち着き、集中力が高まる
ルーティンワークを作ってみよう

第7章 成功のキモとなる「準備」と「練習」

緊張はよい状態。しっかりウォーミングアップしよう！

俳優と
プレゼンター

column 7

真剣に練習する
練習でうまくいっても、本番もそうとは限らない

魔物に取り憑かれる

「舞台には魔物が棲んでいる」と言われます。練習中は完璧に役を演じているのに舞台に立ったとたん、セリフは忘れる、登場のタイミングは間違うなど、急にボロボロになる人に「魔物が取り憑いた」なんて言うのです。

同じ現象がプレゼン研修でもよくあります。練習中は堂々と話せて、時間もぴったりだったのに、いざ受講者全員の前でプレゼン、となったとたん、頭は真っ白、時間はオーバー……と、散々な結果になる人が後を絶ちません。

本番に強い人はなぜ強い？

一方で、練習通り、あるいはそれ以上の実力を発揮する人もいます。フィギュアスケートで試合直前の練習ではなかなか成功しなかった4回転を試合ではキッチリ成功させる選手。プレゼンの研修でも試行錯誤をしながら練習している人が、全員の前でプレゼンする時は大成功という人。強さの秘訣はメンタル面や、集中力といった部分もありますが、一番はどれだけ真剣に練習を繰り返すかです。

油断は失敗のもと

魔物は人間の油断した心に取り憑くもの。本番でボロボロの俳優や、プレゼンがうまくいかなかった人は、心のどこかで「練習でうまくいったから大丈夫」と油断があったのでしょう。

一度練習でうまくできたからといって、本番で同じようにうまくいくとは限りません。同じ時間を使うなら1回1回を本番だと思って、真剣に練習しましょう。

第8章

あわや大惨事!?
トラブルを大きくしない対処法

> 本章で紹介するプレゼンは、実話がもとになっている。
> くれぐれも、「対岸の火事」の体(てい)で見てはいけない。当事者意識を持って、読み進めてほしい。

55

急に不安になってきた……
「伝えること」に集中しよう

プレゼン中、急に不安になることはよくある

　どれだけ準備と練習をしっかりしていても、プレゼン中、ちょっとしたきっかけで「本当にみんな聞いてくれているだろうか？」「伝わっているだろうか？」と不安な気持ちになることがよくあります。そのきっかけというのは、誰かが首をかしげるのが目に入る、などの些細なことです。しかもそれが、社長や部長などの偉い人なら、なおのこと、心の中が急に不安でいっぱいになります。

実は深い意味がない反応が多い

　実は、面白いことに**聞き手の多くの反応は、話し手が考えているほど深い意味はない**と思ってよいでしょう。実際にプレゼン研修で、受講生の方に聞いている時の反応について、なぜそうしたか聞いてみました。例えば「首をかしげる」のは「意味がわからない」ではなく「ちょっと首が疲れたから」。年配の方に多い「腕組み」は「拒絶反応」ではなく「単なるクセ」などです。

　というわけで、あまり気にしすぎないようにしましょう。

　ただし！　聞き手の多くが似たような反応だと問題です（詳しくは次項へ）！

伝えることに集中せよ

　プレゼンはとにかく緊張するので、聞き手のちょっとした反応もマイナスに捉えがちです。しかし多少のことに過剰に反応せず、目の前の聞き手に伝えることに集中しましょう。

> 聞き手の反応が気になる……!

嫌な反応に見えるが、実は単なるクセの場合

・腕組み・足組み
・眉間にシワを寄せる
・貧乏ゆすり

実は話に集中してくれている時の反応

・全くメモを取らない
・ジーッとこちらを見ている
・無表情

不安を払拭する方法はこれ！

☑「大した意味はない」と気にしないこと
☑ 一度、聞き手からスライドに視線を外して落ち着く
☑ ニコニコしている、よくうなずいてくれるなど、
　好意的な反応をしている聞き手にアイコンタクトする
☑ 飲み物を飲む

POINT

多少の反応は気にしない、気にしない!

第8章　あわや大惨事!?　トラブルを大きくしない対処法

56

途中なのに話を遮(さえぎ)られる!
何があってもイラッとせず、簡潔に回答する

途中で質問されるのは、回りくどいから

　前項のように首をかしげているだけならまだマシです。経営者や気の短い人は、プレゼンの内容があまりに回りくどいと、話を遮って質問してきます。例えば「社内活性化のためのイベントのご提案」というプレゼンがあったとしましょう。そんなところで、社員の意識調査の結果を長々と説明したり、他社の導入事例を長々と説明したりすれば「それでどんなイベントで、どのくらいのコストがかかり、どのくらいの効果があるのかを聞かせてくれ」と鋭く質問してくるのです。

簡潔に回答する

　その場合、聞かれたことに「簡潔に」答えてください。間違っても「えー、ご質問につきましてはこの後しっかりとご説明する予定になっておりますが、つまり……」と、回りくどく言ってはいけません。聞き手は早く要点や結論を聞かせてくれ、と質問しているのです。**短く、簡潔に答えましょう。**

　また遮られたことにムカっとして「イベント内容につきましては、えー、冒頭でご説明差し上げたはずですが……」と、相手を非難したいところですが、「伝わらない原因は話し手にあり」です。相手の心証を悪くするだけですので冷静に対処しましょう。

ビジネスの鉄則は「結論を先に」

　日本人は我慢強いので、多少回りくどくても最後まで我慢して聞いてくれますが、外国人と関西人は普通に途中で質問してきます。途中で質問させたくなければ、常に「結論を先に」を意識して話しましょう。

遮られるのは心をつかめていないから

こんなプレゼンが途中で遮られ、質問される

- ☑ 最初の3分で本題が見えてこない
- ☑ 回りくどい
- ☑ 具体的な話が一向に出てこない
- ☑ データの分析ばかりしている
- ☑ 機能の説明ばかりしている
- ☑ 何が言いたいのか一向にわからない

途中で話を遮られ、質問されたら……

1. 質問に対して簡潔に回答する

2. 決して質問者を非難しない

3. 追加の質問が聞き手から出なければプレゼンを続ける
   なお「他にご質問は？」と確認しないこと
   次から次へと質問が続き、時間がなくなる可能性がある

POINT

結論を真っ先に言えば、遮られない

第8章 あわや大惨事!? トラブルを大きくしない対処法

57

まさかの機材トラブル!!
最終手段は「配布資料のみ」でプレゼン

プレゼンで焦る機材関係のトラブル

「さあ、気合いを入れてプレゼンするぞ！」と、パソコンの電源を入れたら……起動しない。プロジェクターにつなげて電源を入れたら……映らない。この手のトラブルは、客先などプレゼンの環境が変わった場合によく発生します。機械に強い人なら自力でなんとかできそうですが、苦手な人はとにかく焦ってしまいます。

落ち着いて１つひとつ確認する

第7章でも触れましたが、しっかり準備していればほとんどのトラブルは未然に防げます。しかし、人間というものはミスする生き物。落ち着いて確認すれば、電源コードがきちんと挿さっていなかっただけ（※実話です）などの単純なミスであることが多々あります。次ページにチェック手順を掲載しておきますので、落ち着いて確認しましょう。

常に最悪の事態を想定しておく

パソコンが物理的に壊れたなど、最悪の事態が発生した時のことを常に想定しておきましょう。どうしてもパソコンが使えない、あるいは代替機がない場合は、もう**諦めて気持ちを切り替え、配布資料のみでプレゼンしましょう**。ホワイトボードがあれば、書きながら話すのもいいです。

練習をきっちりしていれば、スライドがなくても大丈夫！

スパッと気持ちを切り替えて、最初からスライドなしでプレゼンする予定だったように振る舞いましょう！

機材トラブルが起こってしまったら……

トラブルの原因特定！　チェックリスト

1. 電源関連
☑ コンセントにきちんと挿さっているか
☑ 電源スイッチつき OA タップの電源が ON になっているか

2. パソコンが起動しない
☑ バッテリーが外れていないか
☑ そもそも電源が入らなければ別のパソコンに替える

3. プロジェクターが映らない
☑ 電源コードは奥まで挿さっているか
☑ 映像端子を間違えて挿していないか（○映像入力、× 映像出力）

4. スライドが映らない
☑ (Windows のみ※) 映像出力を切り替えたか

 で切替→

※メーカーにより表記が異なる

トラブルで慌てないコツ

☑ 最低 30 分前には会場入りをする
☑ 現場の担当者に立ち会ってもらう
　　客先など環境が違う場合は、先方の機材担当者に準備に立ち会ってもらうのがベスト
☑ バックアップする
　　USB メモリやスマホ、タブレットにスライドデータをコピーしておく
☑ 持参したパソコンが映らない場合、他のパソコンを借りる

慌てず騒がず、1つひとつ原因を探る

58

スライドが勝手に動く！
プレゼンソフトを再起動 or 設定の確認

スライドが進まない場合の対処法

　キーをクリックしても、リモコンのボタンを押してもスライドが進みも戻りもしない場合、まずは他の「進む」キーで進まないか確認します。リモコンを使っている場合は、リモコン本体の電源スイッチが入っているか（スイッチがないものもある）、電池が切れていないか、レシーバーがパソコンに挿さっているかを確認しましょう。

　それでもダメなら、キーボード左上の「ESC」キーを一度押してスライドショーを終了、それもダメならプレゼンソフトを強制終了して、再起動します。

勝手に進む場合の対処法

　スライドショーが勝手に始まる現象は、初めて起きた時はかなり焦ります。原因はスライドショーの設定が何かの拍子に「自動再生」になってしまったことです。

　回避するためには、PowerPointの場合は「スライドショーの設定」の「スライドの切り替え」が「クリック時」になっているか、Keynoteの場合は「書類」の「アニメーションタイプ」が「通常」になっているか確認しましょう。

トラブル回避には準備と練習をしっかりしておくこと！

　なお、この手のトラブルも事前に準備と練習をしていれば回避できます。直前までスライドや資料作りに追われ、**1度もリハーサルをせずにバタバタと本番を迎えると、このようなつまらないトラブルに見舞われてしまいます**。ぜひ本番で最高のプレゼンをするためにも、しっかりと準備と練習をしておきましょう。

大変! 本番中のスライド・トラブル

スライドが進まない場合の対処法・チェックリスト

1. 他の「進む」キーを押してみる
「Enter」「Space」「マウス／トラックパッドの左クリック」

2. リモコンを確認する（使用している場合）
☑ リモコンの電源が入っているか
☑ 電池が切れていないか
☑ レシーバーがパソコンに挿さっているか

3. プレゼンソフトを再起動
☑「ESC」キーを一度押してスライドショーを終了させる
☑ 終了しない場合はアプリケーションを強制終了
　　Windows：Ctrl + Alt + Delete キーの同時押し
　　Mac：command + option + esc キーの同時押し

スライドが勝手に進む場合の対処法

・PowerPoint の場合
「スライドショーの設定」→「スライドの切り替え」が「クリック時」になっているか確認

・Keynote の場合
「書類」→「アニメーションタイプ」が「通常」になっているか確認

この手のトラブルは準備と練習で回避可能

59

スライドがまだこんなに!
本当に必要なスライドだけを選んで話す

時間オーバーしそう……「省スラ」モードに切り替える

　プレゼン本番では説明が長くなったり、途中で質問に答えたりするなどして、予定通りに進まないことが多々あります。

　そこで目安として、残り3分の時点で残りスライドが10枚以上の場合、省エネならぬ「省スラ」、つまり**スライドを省きます**。省き方は、事前にプレゼン時間が半分になった場合を想定しスライドを「重要」と「省略可」に分けておき、次ページの方法で重要スライドのみ選びます。そもそも時間が足りなくなることに備え、重要なスライドが最後に固まらないようにしておくこと。最後の10枚すべて重要？　どうしよう!?　なんて事態にならないように。

時間オーバーは厳禁！

　絶対にやってはいけないのが「残りあと3分となりましたが、あと10枚以上スライドがありまして……少し時間を超えるかも……」と時間オーバーを予告することです。

　ビジネスにおいて時間を守れないのは、遅刻などと同じく信用問題に関わります。また、聞き手が次に重要な予定を控えていたらどうしますか。少しくらいなら……の甘えは許されません。

　聞き手の時間を決して奪ってはならないのです。

決して早口でしゃべらないこと

　また、とにかくすべてのスライドを見せようと、ものすごい勢いで進めながら早口でまくしたてる人もいます。こうなると、話す目的がただ時間内にすべて話し終えることになってしまいます。前述の通り必要なスライドに絞り、最後はバタバタしないようにしましょう。

スライド早送りテクニック

ソフトごとの「一覧表示」の方法

手際よくスライドを選ぶには、「一覧表示」をさせてから、任意のスライドを選ぶのがベスト。

・PowerPoint 2013
　スライドショー時に「-」を押す
　任意のスライドをクリック

・Keynote
　スライドショー時に「-」を押す
　任意のスライドをクリック

・PowerPoint　その他のバージョン
　スライドを図のように、印刷プレビューモードで表示
（「印刷」>「配布資料印刷」で一覧印刷しておくのもよし）
　必要なページを探して「ページ番号＋Enter」で飛ぶ
（※英数入力モードに切り替えておくこと）

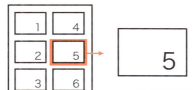

注）お使いの機種によっては操作方法が異なる場合もあります。
　　詳しくはお使いの機器メーカーへお問い合わせください

時間内に終わりそうになければ、無理に話さない

60

質疑応答で答えられない!
「後ほど回答をご連絡します」

想定外の質問もありえる

134ページで、想定問答集を作っておきましょう、と書きましたが、それでも対応しきれない時があります。例えば「3,000個、5,000個、10,000個の割引率は書いてありますが、ちなみに100,000個の場合の割引率は？」といったような全く想定外の質問が出た場合です。

わからないことには無理やり答えようとしない

うろ覚えや憶測で回答すると危険です。特に価格に関しては間違った回答をし、後で上司に確認したら全然違った！　なんて話になりますから、絶対にわからないことについては、その場で答えないようにしましょう。

しかし「わかりません」だと、聞き手にちょっと不親切なので、常套句として「後ほど回答をご連絡します」が便利です。

できれば「いつまでに」をハッキリ言うとさらによいですね。

その後の対応が信頼度を上げる

聞き手は、別にプレゼンターを困らせようと思って質問するわけではありません。**むしろ内容に興味があって、もっと聞きたいからこそ質問をしてくれる**のです。

ですから、たとえその場で答えられなくても、戻ってからなるべく早く、キチッと対応しましょう。急ぎなら電話、資料があるならメール、回答を口実に訪問すれば、思わぬ情報や要望など聞き出せるかも……。ちょっとした積み重ねがあなたの、そして会社の信頼度を上げてくれます。

信頼度に関わる質問対応

答えられない質問が出てきた場合の回答方法

OK	NG
「社に戻りましたら、すぐ確認してご連絡差し上げます」 「申し訳ございません。今は答えを持ち合わせておりませんので、明日までに必ずご連絡差し上げます」	「わかりません」 「えーと、確かマ◯◯のような気がしますが……」

答えられなくても信頼度が上がる対応

1. 聞き手の質問は必ず最後まで聞く。途中で遮らないこと

2. 質問内容をメモし、要点のみを復唱して確認する
   質問「3,000個、5,000個、10,000個の割引率は書いてありますが、ちなみに100,000個の場合の割引率は？」
   復唱「ご質問は100,000個の場合の割引率についてですね」

3. 回答にプラスαする
   例「昨日ご質問いただいた件ですが、100,000個の場合の割引率は15%です。ちなみに200,000個なら20%になります」

POINT

▼

憶測で答えず、後できちんと回答する

61

渾身のギャグがスベった!
なかったことにして、その悔しさをぶつける!

スベって当然。ウケたらラッキー!

　72ページでも書きましたが、笑わせるのは実に難しいものです。しかしプレゼンの目的は、笑わせることではなく、「聞き手を動かすこと」。**笑わせることは必須ではないので、スベっても全く問題ありません**。気楽にいきましょう。

どう立ち直るかが重要だ

　とはいえ、脳内シミュレーションでは会場大爆笑でプレゼンも大成功! ──のはずが、全くウケないとなると精神的に大ダメージです。某上場企業の社長が会社説明会でオヤジギャグを放って、し〜んとなって動揺しているシーンを何度も目撃しました。
　……ええ、このように私自身も結構スベっているので(泣)、立ち直ることにかけては超一流です。

なかったことにする

　もしも、私のように(?)スベってしまったら、「なかったことに」しましょう。サラリと流して、本題に戻ってください。そして心の中で、今回はたまたまウケなかっただけ、と自分自身に言い聞かせましょう。スベってしまったその悔しさは「ちくしょう! 笑いは取れなかったが、契約は絶対取ってやる!」というプラスのエネルギーに変えて、プレゼンにぶつけましょう!
　ちなみに一度スベったぐらいで諦めてはいけません。
　さらにネタに磨きをかけて、次こそは頑張りましょう!

「なかったことにする」がベスト

スベったら……

とりあえず、
なかったことにする！

自分に言い聞かせる言葉を用意しておく
・今回はたまたまウケなかっただけ
・きっと笑いをこらえているだけに違いない
・ちょっとレベルが高すぎたな

スベった時の自己フォローを用意しておく
(どうせスベるなら自虐ネタにもっていく)
「……あれ、今日は笑いが少ない。
あ、間違えました。今日も、でした」

(とぼける)
「……あれ、ここ笑うところなんですが」

(暑い日限定)
「はいっ、涼しくなったところで……」

(冬限定)
「はいっ、ちょっと暖房が効き過ぎていたので、
涼しくしたところで……」

めげない。引きずらない。諦めない。

前回の成功を期待するな
聞き手が変われば、反応も変わる

成功体験に引きずられると失敗する

　時々、何回かある舞台公演のうち、偶然ものすごくうまくいく回があります。演技は完璧、観客とも一体となり、終わったら一瞬シーンとなり、次の瞬間、割れんばかりの拍手が起きて、鳴り止まないというものです。

　ところが俳優にとっては危険！ 公演が最終回なら気持ちよく打ち上げに行けるのですが、翌日以降もまだ続く場合、つい前日と同じような演技をしようとします。そりゃそうですね、それでうまくいったのですから。……が、観客にウケない。なぜだ？ ますます焦って前日のことを思い出しながら演技する。ますますウケない。そして幕が下りて、演出家にこう怒られます。

　「昨日の観客と今日の観客は違うんだぞ！」

聞き手が変われば、反応も変わる

　ビジネスプレゼンの場合にも同じことが当てはまります。A社で成功したプレゼンを、B社でそのまま実施してもうまくいくとは限りません。A社には刺さる内容でも、B社には的外れかもしれないからです。つまり聞き手が変われば、内容に対する反応も変わって当然なのです。

次の聞き手に集中せよ

　そこでプレゼンで常に心がけたいのは、次のプレゼンの聞き手に集中する、ということです。前回成功したことは忘れ、次の聞き手に対して、どうプレゼンすれば目的を達成できるかだけをしっかりと考えれば、結果は自ずとついてきます。

　勝って兜の緒を締めて、次に向かって頑張りましょう！

起業のための「ビジネスプラン」プレゼン

step up

ワンステップ上の
プレゼンへ

ビジネスプランプレゼンテーションとは

「ビジネスプラン」のプレゼンとは「事業計画書」の説明ではありません。限られた時間内で聞き手が「プランについて最も知りたいこと」を話すことです。知りたいこととは「あなた」のことと「あなたのアイデアに投資価値があるかどうか」。

起業を考えている人にとって、ビジネスプランのプレゼンテーションは、自分のアイデアを世の中に知ってもらうチャンスです。うまくいけば投資家から投資してもらうこともできます。

聞き手を意識したプレゼンの内容を

ところが、投資会社の人に話を聞いたり、私自身、ビジネスプランのプレゼンイベントに聴衆として参加したりして思ったのは、「何ができるか」よりも「なぜ必要か」のほうがはるかに重要だ、ということです。

起業を考えている人は素晴らしいアイデアを持っています。まだどこにもない画期的な製品やサービスを考えています。

しかし、いくら優れたアイデアでも、ビジネスなので売れなければ意味がありません。そして売れるためには「世の中に必要とされているかどうか」が大切です。作業がラクになる、CO_2を削減できるなど、問題を解決したり、世の中のためになったりするかどうかです。

それが伝わらなければ、投資家はまず投資しようとは思いません。

ビジネスプランのプレゼンでは、限られた短い時間しか与えられません。自分のアイデアの説明よりもまず、世の中にとってなぜ必要か？から始めましょう。

著者略歴

西原 猛（にしはら・たけし）

プレゼンテーション・ディレクター。
一般社団法人日本プレゼンテーション教育協会代表理事。
京都産業大学経営学部卒。

卒業した時期は、バブル崩壊の影響で就職氷河期だった。そこで、一念発起し夢の1つであった「話す仕事」を探しに上京。演技やナレーション技術を学び、俳優としてテレビ・ラジオCM、映画、舞台等で活躍したものの、ブレイクには至らず行き詰まる。転機は新製品発表会に携わっていた時に訪れる。製品の魅力を伝えるべきプレゼンターの多くが、無表情で抑揚がない残念な話し方をしていることに驚愕。そこで俳優技術こそプレゼンに必要では、と考え、発表会や決算説明会等の企業のPR・IRを支援する現リンクコーポレイトコミュニケーションズに入社。
その後、教育研修会社で講師業を学び、講師派遣会社の取締役を経て一般社団法人日本プレゼンテーション教育協会設立。代表理事に就任。
ジョンソン・エンド・ジョンソン、岡村製作所、富士通システムズ・ウエスト等の日系企業・外資系企業の企業研修から、講演会、メディア出演、個人訓練まで10,000人以上にプレゼン教育を提供している。近著に『「トッププレゼンターの技術」シリーズ（全6冊）』（インプレス）がある。

ぐるっと！ プレゼン

2015年 8月18日　第1刷発行

著　者　　西原　猛
発行者　　八谷　智範
発行所　　株式会社すばる舎リンケージ
　　　　　〒170-0013　東京都豊島区東池袋 3-9-7　東池袋織本ビル1階
　　　　　TEL 03-6907-7827　　FAX 03-6907-7877
　　　　　http://www.subarusya-linkage.jp/
発売元　　株式会社すばる舎
　　　　　〒170-0013　東京都豊島区東池袋 3-9-7　東池袋織本ビル
　　　　　TEL 03-3981-8651（代表）
　　　　　　　03-3981-0767（営業部直通）
　　　　　振替 00140-7-116563
　　　　　http://www.subarusya.jp/
印　刷　　株式会社シナノ印刷

落丁・乱丁本はお取り替えいたします。
Ⓒ Takeshi Nishihara 2015 Printed in Japan
ISBN978-4-7991-0447-7